分譲住宅ブランディング戦略

BRANDING STRATEGY FOR CONDOMINIUMS

奥村友裕
Okumura Tomohiro

幻冬舎MC

分譲住宅ブランディング戦略

はじめに

世帯数や人口の影響を受けやすい新築住宅需要は、国立社会保障・人口問題研究所がシミュレーションする人口動態予測からある程度の予測は可能です。野村総合研究所によると、全国の新設住宅着工戸数の推移は、１９９１年度の１６７万戸をピークに下降の一途をたどり２０２２年度には86万戸に減少、２０３０年度には74万戸、２０４０年度は55万戸まで減少すると予想されています。未来は、すでに起こっている――新設住宅着工戸数の予想は、故・ピーター・ファーディナンド・ドラッカー氏が掲げた「すでに起こった未来は体系的に見つけることができる」ということを体現するかのようです。

そのようななか戸建分譲住宅の業界では、M&Aなどによる合従連衡がおこなわれながら業界再編が起こっています。また、これまで注文住宅を主な事業としてきた大手ハウスメーカーが戸建分譲住宅市場に参入しています。建築費の高騰により、持ち家を購入するハードルが年々高くなるなか、割高感のある注文住宅からリーズナブルな戸建分譲住宅に顧客が流れていきました。それを追いかけるように大手ハウスメーカーが注文住宅事業から戸建分譲住宅事業にシフトしています。

資本力のある大手との価格競争に巻き込まれた中小ハウスメーカーはなんとか差別化を図ろうとしますが、現状では効果的な施策を打てていません。

私は大手コンサルティング会社の住宅事業部部長を経て、現在、住宅の建築意匠企画・開発・デザインを手がける会社を経営しています。街なかでよく見かける、お世辞にもすてきとはいえない画一的な戸建分譲住宅の外観に違和感をおぼえ、「世の中の戸建分譲住宅を美しくする」というスローガンを掲げ自ら商品を開発する会社を立ち上げました。

意匠企画・開発・デザインという「外科手術」は、集客数を改善するなどの小さな効果にとどまらず戸建分譲会社の営業利益（売上でも粗利でもなく）を改善するなど、事業経営のあり方をポジティブに変容するだけの大きなインパクトをもたらします。

そして近年、意匠企画・開発・デザイン事業を任せられるメンバーに恵まれた私は、戸建分譲業界向けの総合研究所をスタートさせ、外科手術だけでなく、「予防医療」「未病対策」を手がける本質的な経営アプローチで戸建分譲事業を土台から強くする取り組みを進めています。

このような私の歩みは、大手コンサルティング会社勤務時代に転籍した地方の住宅会社でのセールスの経験が活かされています。

戸建分譲事業は、銀行などの他人資本でレバレッジをきかせる資本回転ビジネスです。リスクが大きい分、注文住宅事業より多くのリターンが望めます。一方で、正しい戦略のもとに進まなければ大けがをしてしまう事業であることも確かです。注文住宅事業に特化してきた住宅会社が戸建分譲事業にチャレンジするケースが増えてきていますが、ここに大きな危険性を感じています。大手ハウスメーカーの戸建分譲事業で、華々しい成功を収めている会社がないこともこのことを物語っています。

これまでにコンサルティングを実施してきた住宅会社は300社におよび、戸建分譲会社から支援要請を受けた分譲地の第一期営業成約率は70％を超えています。また、マーケットから選ばれるためのブランディング支援により、戸建分譲会社を値引きによる業績危機から経営を回復させ、上場企業へと大きく成長させる実績も上げています。

本書では、住宅産業のなかでも戸建分譲事業にフォーカスし、勝ち残るための戦略方針を提示しています。これからの戸建分譲事業に必要なブランディング戦略について、デザイン・営業・マーケティングの3つの観点から徹底的に解説します。これらをすべて理解し、実践することができれば、中小の戸建分譲会社であっても大手に負けない競争力を手にすることができます。

現在の住宅産業変革期を「おわりのはじまり」にせず、「明るい未来のはじまり」として第一歩を踏み出していきましょう。未来へ活路を見いだせず悩みを抱える読者が、この本を通じて答えにたどり着くことができれば、著者としてこれほどうれしいことはありません。

目次

Part 1

大手が本格参入し、競争が激化する分譲住宅業界……

今までどおりのやり方では、もはや中小は生き残れない

Part 2

家だけでなく、分譲地全体の価値を高める——

中小でも実践できる分譲住宅ブランディング戦略

Part 4

競合他社との価格競争とは決別！

ブランド価値を正しく伝える営業力で、「最後の1区画」まで値引きせずに売り切る

Part 5

“数撃てば当たる”という的外れな施策から脱却！

「感性×理論」に基づくマーケティングでブランド価値を最大限に高める

Part 6

あの家に住んでみたい――

分譲住宅の価値を高めるブランディング戦略で地域に不可欠な企業になる

Part 1

大手が本格参入し、
競争が激化する
分譲住宅業界……

今までどおりのやり方では、
もはや中小は生き残れない

分譲住宅市場は競争が激化するばかりです。

低価格を強みにする企業がエリアごとにシェアを高め、近年では、それまで注文住宅を手がけてきた大手ハウスメーカーも続々と本格参入しています。

従来のやり方では、中小の住宅会社はもはや生き残ることができません。

注文住宅と戸建分譲住宅の着工戸数に変化が表れている

戸建分譲住宅の着工戸数が増えています。住宅業界ではかつて、戸建分譲住宅よりも注文住宅のほうが着工戸数が多い傾向がありましたが、変化が表れています。

20ページの図は、一般社団法人住宅生産団体連合会が公表する顧客実態調査のデータから、首都圏の一戸建て着工戸数をまとめたものです。確かに2013年は注文住宅の着工戸数が分譲住宅を上回っていましたが、2014年以降は分譲住宅の着工戸数のほうが注文住宅より多くなっています。

優位だった注文住宅が劣勢になり、劣勢だった分譲住宅が優位になるという現象はなぜ起きたのか。理由は主に二つあると考えられます。

一つ目は「住宅価格の上昇」です。一般的に注文住宅は分譲住宅より割高になる傾向があります。なぜなら家のデザインや間取り、設備機器など一つひとつを顧客と設計者との間で決めるオーダーメイド方式で建てられるからです。

さらに現在は円安などによる資材高の影響を受けて国内の建築原価が上昇しています。それだけでなく、2013年以降は地価も上昇しています。つまりトータルで住宅価格全

首都圏の一戸建て 着工戸数

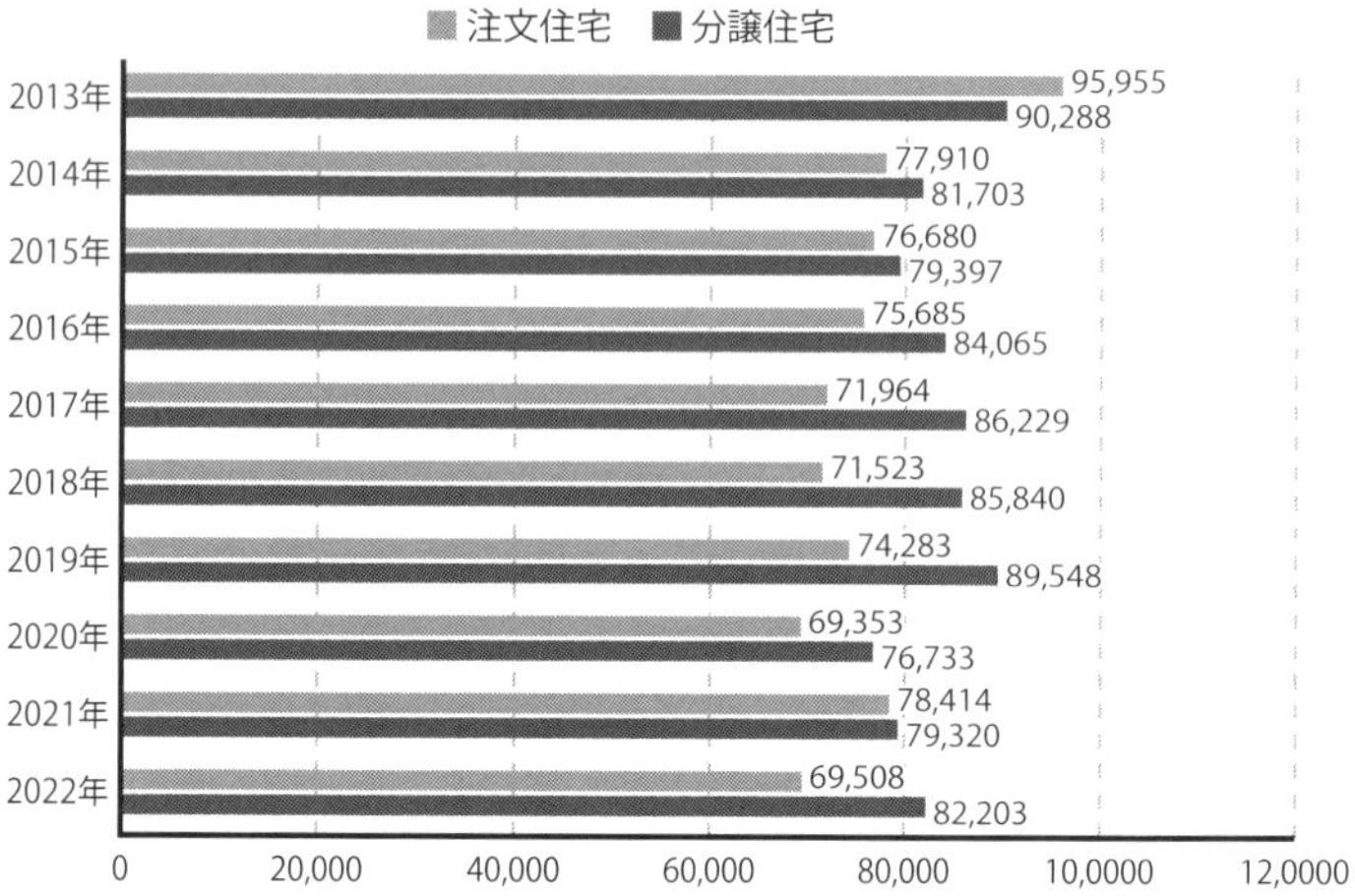

一般社団法人住宅生産団体連合会／顧客実態調査より著者作成

体が上昇しており、これまでギリギリ注文住宅を購入できていた層にとっては予算オーバーという状況になっています。実際この2年で注文住宅を建てることができた顧客のなかでも、当初の予算をオーバーしたり、方針を変更したりという人が増えています。

分譲住宅の増加要因は「注文住宅マーケットの限界」

二つ目の理由は、「家に求める価値の変化」です。かつて家を建てることは、一生に一度叶えられるかどうかの夢で

この２年間に持ち家（注文戸建）を建てた顧客の変化

最終的な建物本体の費用と当初予算との乖離

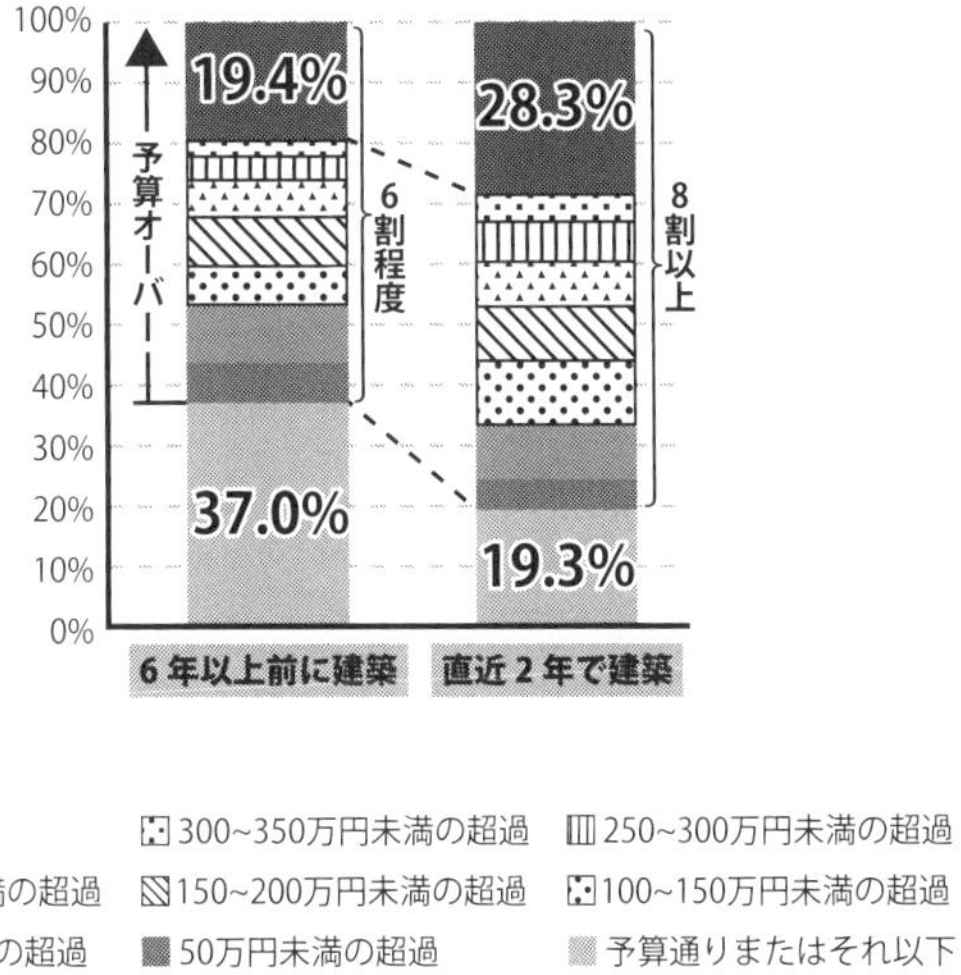

分譲住宅購入前に注文住宅も検討したか

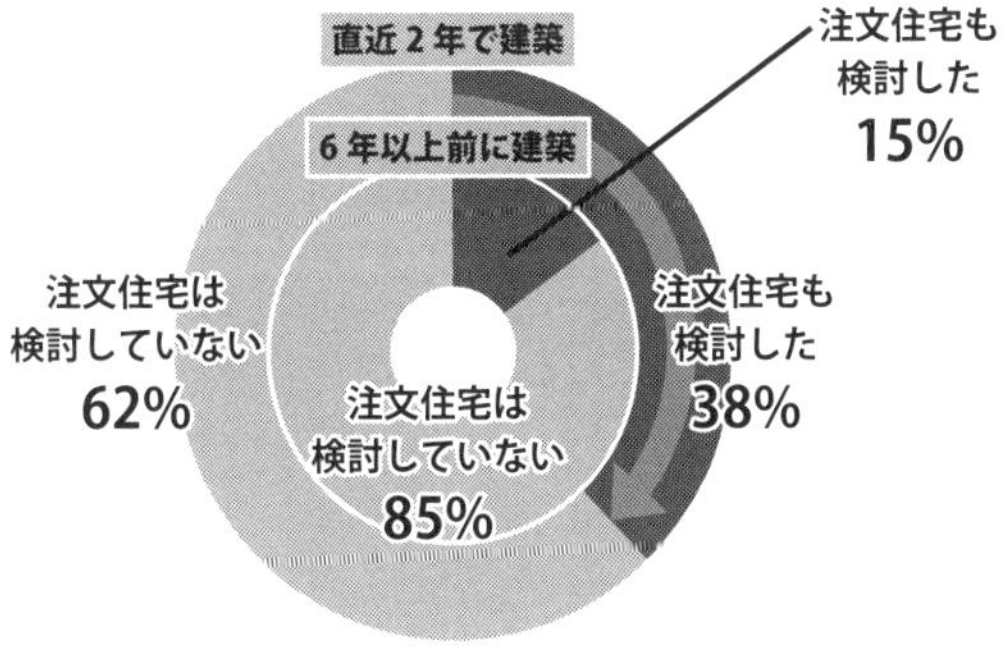

LiB コンサルティング顧客アンケート調査 2023 より著者作成

した。特に昭和から平成にかけてのサラリーマンにとっては、順調に出世コースに乗り、郊外に庭付き一戸建てをローンで建てるというのが長くステイタスシンボルになっていました。それは、日本人の土地に対する信仰心の裏返しであり、住宅業界でも自分の土地を所有する「土地あり客」は神様のような存在で、そうした土地あり客を対象とすることで注文住宅市場は成り立ってきました。

しかし、時代の流れとともに状況は変化し、バブル経済崩壊後の地価下落や、少子高齢化の進行などにより、土地を持たない「土地なし客」が主流になりました。土地価格や建物原価の上昇、収入の先行きの不安などから彼らが購入できるのは土地と建屋がセットになった分譲住宅です。

「土地なし客」にとって家というのは、土地と建物がセットになった商品の一部、すなわち「物件」の一部ととらえます。そうした土地なし客が圧倒的に多い今、どのような家を「建てる」かより、どのような家を「選ぶ」かにマイホーム取得計画のベクトルが向くのは当然のことでしょう。その場合、請負契約をして一から建てる注文住宅は必ずしも選択肢の最有力候補にはなりません。手軽で住みやすく、コストパフォーマンスの高い家が求められるようになってきました。それは、予算に合わせて最適なマイカーやアパレル商品を選ぶ感覚に似ています。つまり一軒家も世の中に数多くある「商品」の一つになってきているのです。生活者の価値観が建てるより選ぶことに向かいつつあることから、分譲業界が注目されているのです。

注文から分譲へ……大手ハウスメーカーの本格参入

そのようななか、注文住宅会社の分譲住宅業への参入が相次いでいます。とりわけ大手注文ハウスメーカー（S社やD社）は、注文住宅で培った技術力やデザイン力、販売ノウハウなどを用いながら、分譲住宅の展開を強化しています。

大手注文ハウスメーカーの多くが分譲住宅市場に参入したことで、競争が激化しています。既存の中小の分譲住宅メーカーにとってはたまったものではありません。

新たに分譲住宅市場に参入してきた勢力は、分譲住宅事業に特化した企業とは販売スタイルや考え方が異なります。新規参入勢力の主なやり方をA型・B型・C型と分けて説明してみます。

まずA型です。これは大手注文ハウスメーカーの分譲住宅販売スタイルです。元々注文住宅を主軸にしているため、ターゲット顧客はあくまで注文住宅が買えなくて分譲住宅を買わざるを得ない層です。その層に注文ハウスメーカーの作る分譲住宅だとうたい、ピンポイントでアプローチし、注文住宅のデザインや様式のモデリングにはめていきます。言い換えれば、大量生産・大量供給するというよりは、注文住宅購入希望者から振り落とされた層をすくい上げるための別プランを提供しているというイメージです。大手注文住宅メーカーのクオリティやネームバリューは保ちながらも、注文住宅にはない手頃さを売りにしているのです。

一般的な分譲住宅より、内装や間取りの自由度が高いのがB型です。いわゆるミドル価格帯の顧客をターゲットとした事業で、大手ではなく主要都市にある中級ハウスメーカーに見られるケースです。これらのメーカーは分譲住宅を専門とした企業ですが、内装や間取りの一部に自由設計可能なゾーンを設けています。

これは注文住宅ほどの商品企画力はないけれど、顧客に付加価値を提供したい、こだわりを持ちたい顧客をターゲットにしたいという意味で取り入れています。しかし、自由設計を取り入れすぎると、打ち合わせの回数が増えるため、工期が延び、販売スピードが落ちるというデメリットがあります。また、比例してコストも多くかかります。

こうしたセミオーダー方式は、今後ますます住宅価格が高騰していくと割高感が強くなるのは間違いありません。

パワービルダーの価格破壊のすごさ

A型でもB型でもない、第3の販売スタイルがC型です。このC型は大量生産・供給をおこなう大手および新興ハウスメーカーのやり方です。これらの企業の登場が、分譲住宅業界を揺るがすものとなりました。特に有名なのがI社とO社ですが、彼らは業界内でパワービルダーと呼ばれ、スケールメリットによる建材の大量仕入れに加え、各工程を自社で請け負うワンストップ体制や広告宣伝費等を最小限に抑える努力、経営管理の徹底によって、コストパフォーマンスの高い物件を供給しています。

パワービルダーは、とにかく低コストとスピードを重視しています。彼らは資金力があるがゆえに、事業に資本投入をしやすく、土地や資材の大量購入が容易です。まとめて大量購入することで住宅設備も安い価格で設置でき、建物価格が相対的に下げられるのです。そして、広告宣伝費を最小限に抑え、自社にセールスを抱えずに販売を不動産仲介会社に丸投げするケースもあります。

このように、エリアの一等地をパワービルダーが一括して高値で一気に買い押さえて、著しく安い建物を量産し、スピーディに完売させる手段を取られると、他の事業者は同地域内ではなかなか勝てないという構造になっているのです。

彼らは安く分譲住宅を提供することによって、購入者の年齢層を広げました。特に若い世代の取り込みに成功したといえます。社会人になって間もない時期に購入できるような販売価格で住宅を提供することで、若い人たちにも「マイホームが持てる」という夢と希望を抱かせることができました。若いうちに購入をすれば当然ながら長い年月の住宅ローンを組むことができるので、相対的に月々の支払いは低く済ますことができます。それによっても、購入のハードルを下げています。家を持ちたい若い世代へのニーズに応えることができているのがパワービルダーの特徴の一つです。

家への欲求が変わってきている

人間の行動心理を表す有名な指標として、マズローの5段階欲求説というものがあります。これは、アメリカの心理学者であるアブラハム・ハロルド・マズローが提唱する心理学理論で、マズローは従来の心理学では避けられてきた、より人間的なものの研究に道を開いた重要な人物としても知られています。

マズローによれば、人間の欲求は「生理的欲求」「安全の欲求」「社会的欲求」「承認欲求」「自己実現欲求」の5段階に分けることができ、それぞれの欲求が積み重なって1つのピラミッドを構成しています。生存を左右する生理的欲求に始まり、安全、社会的、承認、自己実現と、生存が担保されたうえで、より心理的な欲求に変化していくことが特徴です。

人間が家に求める欲求はどこにあるのかというと、まず、性能に過度にこだわるハウスメーカーは、「生存欲求」のところで競争をしているといえます。気密性が高く温度変化が少ない家、通気性が良くてカビが生えにくい家、強盗や空き巣に簡単に入られないセキュリティの高い家……もし現在が戦後の焼け野原で、家に求められる役割が命や財産を守ることであるのなら、家の居住性能を高めて顧客の生存欲求を満たすべきです。

しかし、時代は変わっています。賃貸住宅も含めれば快適に暮らせる家が手に入りやすくなった今、家によって生存欲求を満たそうとする人はそう多くないはずです。

生存欲求が満たされたうえで人々が家に求めるものは、友人や知人に受け入れられたいという「社会的欲求」、認められたいという「承認欲求」、自分の理想とする暮らしや世界観を作り上げたいという「自己実現欲求」など、マズローの5段階欲求の上位概念に位置する欲求を満たしてくれる家なのです。

科学的分譲経営へのアップデートが必要

こうした状況で中小のハウスメーカーが生き残るにはどうすればよいのでしょうか。

分譲戸建事業で成功するためには「仕入れ力」が必要なのはいつの時代でも変わらぬ真理であるといえますが、パワービルダーによる用地仕入れ参入などの外部環境変化により、従来どおりの仕入れ力に頼った経営をしていては、ほとんどの試合で負けが込んでしまいます。従来どおりの仕入れ力に頼った経営とは、どこで仕入れていくらで売るかという肝心な部分を「勘と経験と度胸」（ＫＫＤ）で決めてしまう、属人的な方法です。

属人的な方法は限界があるとは分かっていても、旧態依然のやり方を続けているケース

科学的分譲経営

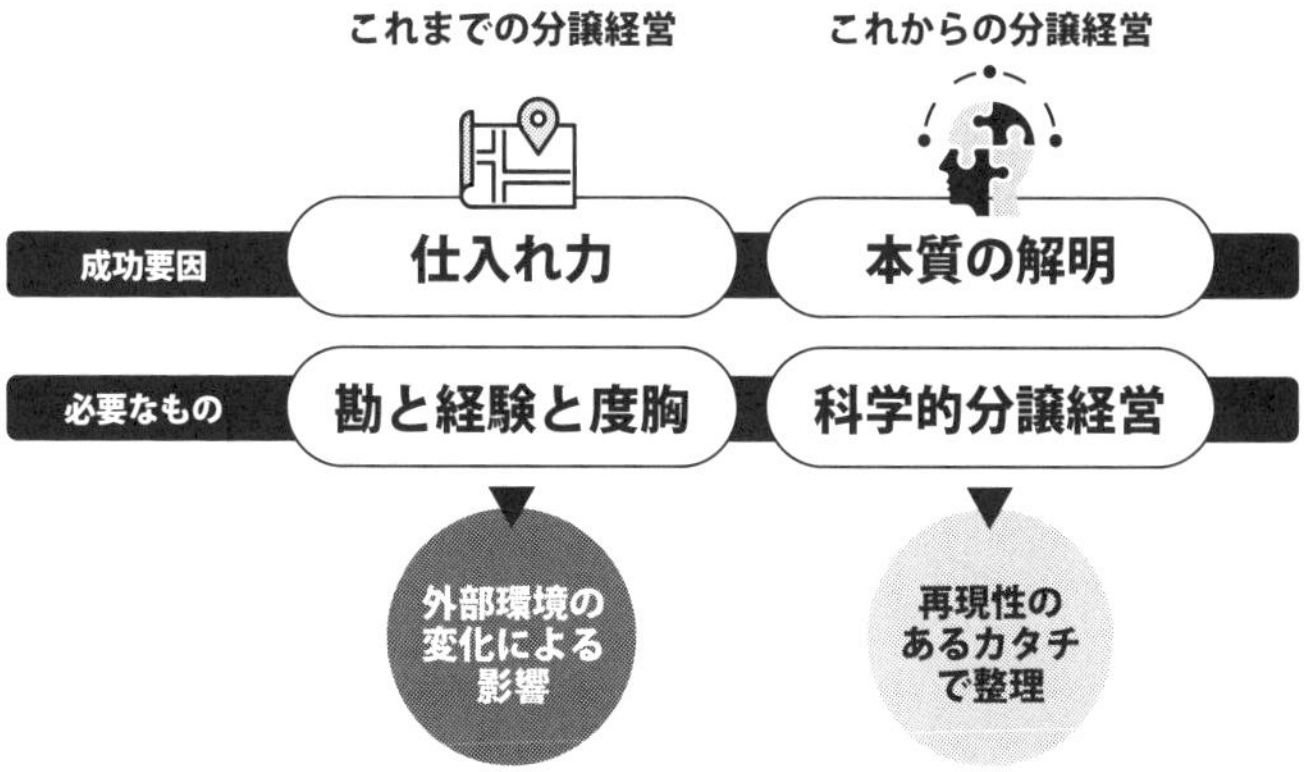

は多いと思います。というのも戸建分譲業界は、用地の仕入れ（不動産売買）が絡むことから情報戦ビジネスであり、エリア完結型の地域ビジネスであり、デベロッパーを中心とした系列ビジネスであることなどを理由に経営ノウハウが極めて閉鎖的だからです。「土地を買い付けられさえすれば事業は発展する」という経営者の過去の成功体験が大きく影響していると考えられます。

　そうした前時代的なやり方から、次世代型の科学的な経営スタイルにアップデートしていく必要があります。戸建分譲事業の成功率を高めるために、分譲経営の本質をシンプルに解明し、成功要因を再現性ある形で整理することが必要です。

戸建分譲経営を「暗黙知」から「形式知」へ

新築住宅事業でこれまで体系化されてきた住宅経営ノウハウの多くは注文住宅会社（工務店）向けのものであり、戸建分譲住宅にも通用する経営ノウハウが一般化されることは皆無で、まったくの「暗黙知」でした。

暗黙知とは、経験や勘、直感などに基づく知識のことで、簡単に言語化できない知識、あるいは言語化しても、その意味が簡単には伝わらない知識として、個々人が個別に保持している知識のことをいいます。例えば、熟達した大工さんのカンナの削り方などがそれに当たります。どのように削っているのか聞いてもうまく説明できない。とにかく見てまねをして、経験を積んで少しずつ覚えていく……かつては、さまざまな業界でこうした暗黙知によるノウハウ伝承がおこなわれてきました。

時代の流れとともに状況は変わってきており、例えば寿司職人の世界では寿司スクールやユーチューブ動画で寿司の握り方を学んだ人がいきなり店を開いて繁盛させるようなケースも出てきています。しかし日本の産業のなかでも特に保守的とされる住宅業界では、暗黙知の風潮が根強く残っています。

本書ではこの問題を解決すべく、戸建分譲経営の暗黙知を、対極にある文章や数式、図形や表などによって論理的に説明できる形式知にしようと試みるものです。紙面の関係上、一部の紹介にとどまりますが、戸建分譲経営の成功のためにおさえるべき論点や、その中身について触れることができるのは大きな成果であるといえます。

私は大手経営コンサルティング会社での戸建分譲事業部部長時代に、「分譲事業は建物（商品）を根本的に見直さなければマーケットから見向きもされず、せっかくの経営ノウハウが画餅に帰す」と悟り、独自にノウハウを理論化。デザイン企画会社を設立し、戸建分譲住宅の意匠設計・プロダクト開発を手がけながら戸建分譲事業を感性領域へのデザインアプローチで成功に導くという独自の手法を実践しています。

このデザインアプローチにより、営業利益が劇的に改善した戸建分譲会社が続出し、なかには上場を果たした会社もあります。

投資リスクを最小限に抑えながら事業をスケールさせたい経営者や、エリアナンバーワンの地位を確固たるものにしたい、もしくはその地位を虎視眈々《たんたん》と狙う地方デベロッパーの経営者と経営幹部、そしてこれまでの注文住宅事業とは経営論理がまるで異なるなかで大役を任せられている大手ハウスメーカーの分譲事業責任者にとっても役に立つはずです。

Part 2
家だけでなく、分譲地全体の価値を高める――

中小でも実践できる分譲住宅ブランディング戦略

大手が分譲住宅市場に参入しているなかで
中小企業が取るべき道はどこにあるのか。
機能や性能重視の分譲住宅開発から脱却し、
デザイン性やストーリー性を付加価値とした
マーケットアウト発想の開発・販売の戦略とは――。

値引き前提の経営から脱却する

集客数、契約率、販売価格が下降気味で上がる傾向にあるのは原価のみ――昨今の戸建分譲事業の経営者にとって、まさに正念場といえる状況です。これまでも需要低迷は何度も繰り返されてきましたが、いずれの時代も販売価格を調整するなどで事なさを得てきました。

しかし昨今では、需要低迷のみならず、業績数値に直結する「原価ＵＰ」というマイナス要因が重くのしかかっています。企業側の体力がもたなくなってきているのが事実で、販売価格を下げるだけの調整では限界がきています。

特に、経営者が利益を確保するための手立てが見えていないことには注目すべきです。なかには、事業をシュリンクさせる道を選ぶ経営者に出会う機会も増えてきました。「これをやりさえすれば状況を打開できる」というものがないので無理もありません。靄《もや》がかかった細い橋の上を、なんとか落ちないようにと慎重に渡るようなものです。

そのようななか多くの戸建分譲会社は売上を確保しようと、値引きを覚悟しながら販売価格を低く設定し業績悪化を防ごうとしています。特に顕著なのは、販売価格を下げたことによって目減りした業績を補うべく、目標棟数を多く計画する会社が増えていることです。

しかしそれでは問題の解決にならないどころか、ますます苦しい道を自ら選択することを意味します。

例えば、営業利益率5％の戸建分譲会社があるとします。この会社は、5000万円の戸建分譲住宅を年間200棟販売しています。売上100億円、営業利益は5億円です。

もし、1棟あたりの販売価格を100万円UPさせるとどうなるか――5100万円×200棟で売上は102億円になります。2億円がプラスされるので利益へのインパクトは大きく、営業利益7億円で営業利益率が大きく高まります。

一方、1棟あたりの販売価格を100万円DOWNさせるとどうなるか――4900万円×200棟で売上98億円です。今度は、2億円が「消滅」するので営業利益は3億円になります。

このように、2つのパターンの営業利益の差は4億円にものぼります。ところで、後者のパターンで2億円の営業利益を取り戻す（営業利益5億円を維持する）には40億円の売上が必要になります。40億円の追加売上を達成するために、この会社では82棟追加して売らなければなりません。元々200棟の販売実績の会社が、実に40％の棟数を新たに加えなければならないのです。

「価格を維持、UPさせることが重要なのはよく分かる。しかし、具体的にどのようにすれば価格を下げなくて済むのかが分からない」、このような経営者は多いと思います。「値決めが大事だと結論づける経営書の価格戦略論だけではなく、住宅業界特有の事情に考慮された具体的な方法論がないと解決しない」という意見は、私も同様に経営の最前線にいる経営者の意見としてよく分かります。

戸建分譲会社は、弱気な価格設定や値引きをやめ、設定価格を上げても売れるような会社へと変貌していかなければなりません。これまでの成功要因を疑い、これからの時代に合わせた事業のアップデートが求められています。用地、建材、設備などの原価が上がっているが、販売価格に転嫁しきれていないのであれば、自社がとるべき施策を整理していく必要があります。

戸建分譲住宅経営の本質はＳＰＡ

中小の分譲住宅会社が取るべき戦略を検討するうえで、注文住宅事業との比較は重要です。

顧客と施工者が打ち合わせを重ねて商品を一緒に作り上げていく注文住宅事業は、間取りや仕様を顧客が決め、職人に工事を任せるという「請負事業」です。

一方の戸建分譲事業では、顧客は業者があらかじめつくった土地と建物（合わせて「商品」）を購入します。業者が土地や材料を仕入れて企画し、形にしたものを販売するという点ではさながら「製造業」の様相を呈しています。

私は従来、戸建分譲経営の本質を、アパレル業界のＳＰＡ業態に似ていることから「ＳＰＡ型分譲経営」と表現してきました。

ＳＰＡとは、Speciality store retailer of Private label Apparel の略称で、垂直統合型のサプライチェーンモデルである「製造小売業」を指します。このビジネスモデルは元々アパレル業界で生まれたもので、１９８６年にアメリカの衣料品小売大手ＧＡＰが最初に始

SPA型分譲経営

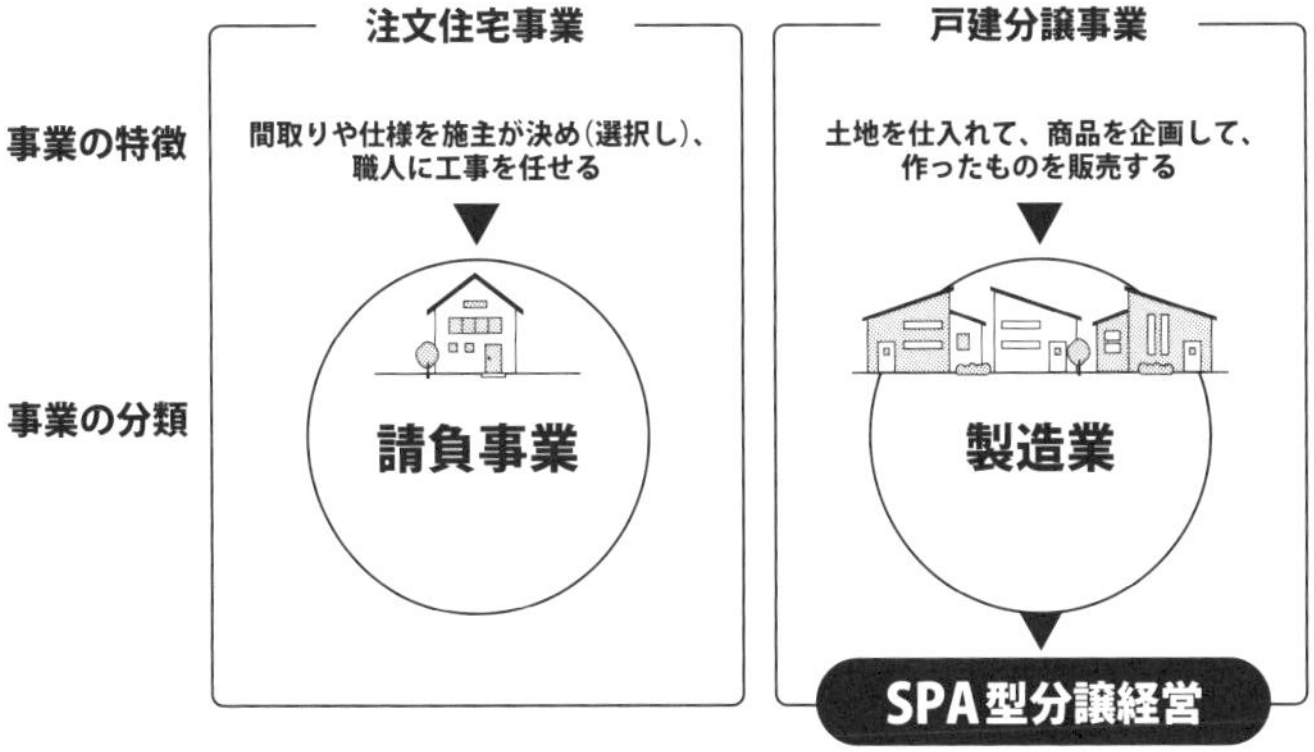

めたといわれています。ZARA、H&M、ユニクロなどの多くの衣料品小売企業がSPAパワーを原動力として市場を席巻していますが、近年ではアパレル分野以外でもこのモデルを取り入れる企業が増加傾向にあります。

SPAでは、製造と小売だけでなく、部品や原材料のサプライヤー、研究開発、商品企画、プロモーション、さらには物流までを一気通貫で統合するのが特徴です。メリットとしては、低コスト、短いリードタイム、顧客ニーズの的確な把握が挙げられます。

SPAでは、原材料の調達においても商社などを介さずに直接仕入れをおこないます。流通過程でも卸などを経由せずに自社直営で販売することで、結果的にコストを抑制することができます。加えて、販売・在庫・顧客情報をサプライチェーン全体で共有できるため、リードタイムの短縮が可能となり、顧客が求めている最新のトレンドを迅速に企画・開発に反映させることができるのです。

売建比率をどれだけ高められるか

SPAとは、顧客が買いたいと思うものを素早く用意し、販売することだといえます。住宅業界、特に戸建分譲経営においては、用地仕入れや商品開発のスピード、マーケットのインサイトをとらえることが肝要です。

というのも、戸建分譲事業は損切り判断が求められるビジネスだからです。つまり、「売上（棟数×価格）」「利益（売上－コスト）」に加え、「時間軸（スピード）」の因子が存在するなど、在庫を速く回転させていくことが重要で、不動在庫化するくらいなら多少の利益を犠牲にしても売りさばいてしまう選択が欠かせません。一つひとつの利益率を確保していくPL経営ではなく、資産（不動在庫資産）になる前に売りさばき、同時に仕入れ活

B/S・CS経営

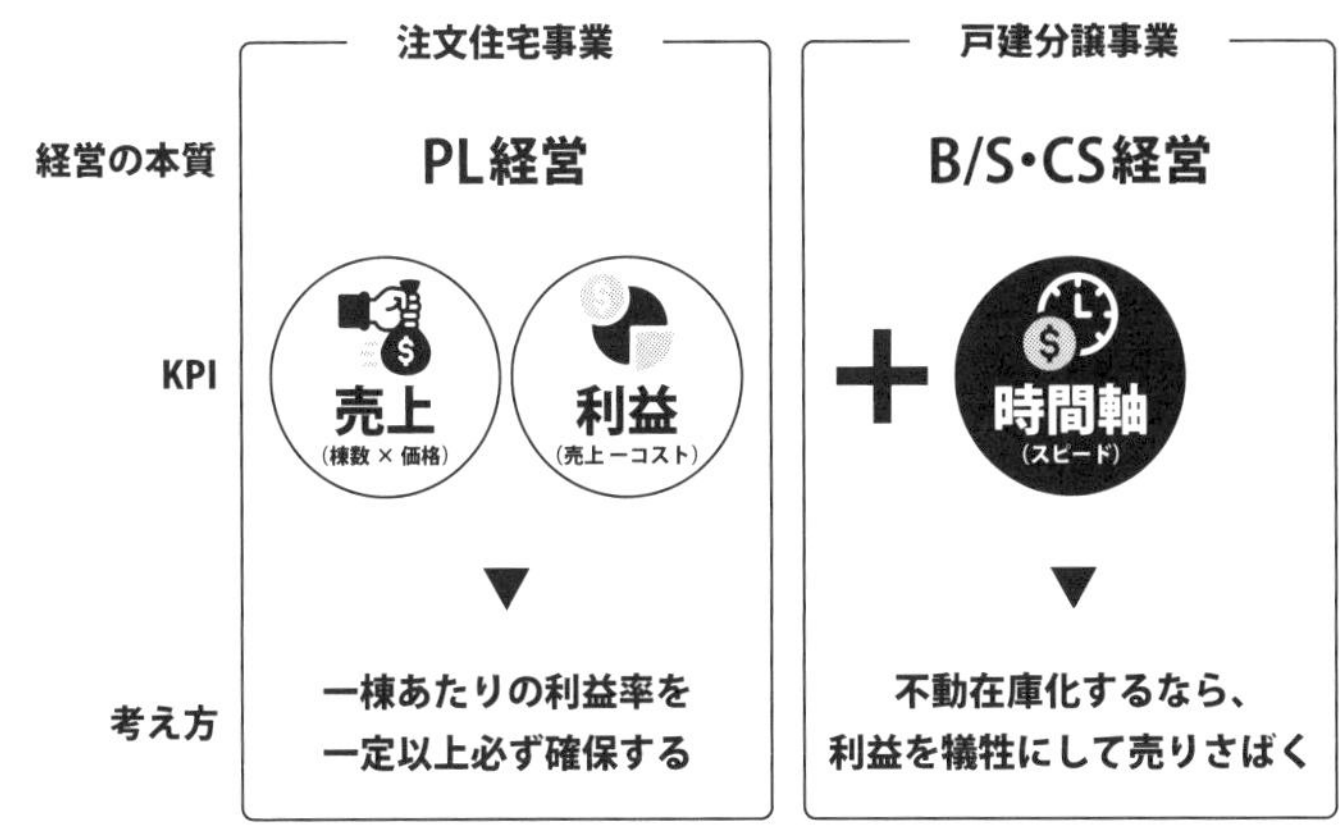

動を進めるといったB/SとCS（キャッシュフロー）による経営が求められるのです。

昨今、中小の注文住宅会社が新規事業で分譲業界に参入するケースが増えていますが、それらの会社が苦戦している原因はここにあります。「一棟あたりの利益率を一定以上必ず確保する」という注文住宅事業的な考えを捨て去ることは難しいからです。

さらに、分譲事業には「建売《たてうり》事業」と「売建《うりたて》事業」と呼ばれる形態があります。売建事業は、デザインや仕様・間取りプランを企業側が確定させ、建築確認申請の許可がおりたものを顧客に販売する（建てる前に売る）事業です。自社で用地を持つ強みを最大限に活かし、販売スピードとキャッシュフローの効率化が実現できる観点からも、売建比率をどれだけ高められるかが目指すべき理想の戸建分譲経営であるといえます。これには、商品力、ブランド力、マーケティング力をつけることが求められます。

戸建分譲のリスクを踏まえたＫＰＩを設定する

用地仕入れから開発、企画、販売、アフターメンテナンスと続くＳＰＡ戦略を実践するには、どのタイミングでどのような戦略意思決定を下すのが良いのかを明確にしておく必要があります。

例えば、用地契約の経過日数に応じて販売状況がどのような状態であるべきかという基準が明確になければなりません。蓄積した事業データから独自に指数化し、戸建分譲事業ならではの細かなＫＰＩを設定することが必要なのです。一人あたりの販売棟数（注文住宅経営の現場では、よくＰＨ：パーヘッドと表現します）や、利益率だけを管理していたのでは戸建分譲事業はうまくいきません。「一区画あたりの販売期間は何カ月か？」など、戸建分譲事業では追いかけるべきKPIが異なるのです。

注意すべきなのは先に資金を投じて商品を販売して資金回収をするだけに、リスクと隣り合わせであるということです。KPIが異なるのに注文住宅事業の延長で、なんとなく始めた戸建分譲事業が、大当たりしたのに味をしめて用地仕入れを強化し、その後在庫に苦しみ経営をひっ迫するという例は枚挙にいとまがありません。

参考にすべきは大手分譲マンションのブランディング戦略

では、リスクを最小限にしながら、大きなリターンを得て着実に事業を伸ばしていくためにはなにが必要か――それはブランディングです。

ブランディングというと、「自社の魅力や強みをアピールすること」と勘違いしている企業が多いのですが、顧客が知りたいのは、それを買えば自分はどのような生活を送れるかという、顧客の想像力を手助けするのに役立つ情報です。

家の情報と聞いて一般的に思い浮かぶのは、間取りや近隣にある学校や公共施設などのロケーション情報ですが、これらはブランディングという意味ではあまり役に立ちません。ブランディングにおいて大切なのは実際に現地に行ってみたいと思わせる動機づけです。

その家でどのような生活ができるのか、どのような気持ちになるのか、どのような人生を歩むことができるのか、つまり住みたい、最低でも現地を見てみたいと思わせられる情報を最初に提供することで、ブランディングが実現できるのです。

例えば、大手住宅会社の分譲マンションのチラシには、美しい夜景の写真をバックに充実した生活を想起してもらうキャッチコピーが大きく記され、住宅の性能や設備、間取りについては隅に小さく書いてある程度です。WEBサイトでも同様で、自社がアピールしたい魅力ではなく、顧客が価値を感じる魅力にフォーカスしたブランディングがおこなわれているのです。分譲住宅業界も大手分譲マンション同様に、自社が誇りに思う魅力ではなく、顧客が価値を感じるポイントに狙いを定めたブランディングをおこなう必要があるのです。

一方で、競合との差別化の要素として、設備や性能を正確に伝えたいという気持ちも分かります。再生可能エネルギーや天然素材を使った自然環境に優しい住宅など、他社とは違うポイントはきちんと売り出したいと思うのは当然のことですが、その伝え方や見せ方は工夫する必要があります。堅苦しい文章だけで顧客に振り向いてもらうのは期待できません。理屈ではなく感性を刺激する伝え方をすべきなのです。

大手分譲マンションがおこなっているブランディングはまさに、世界観や顧客の自己実現欲求を刺激する情報にあふれ、設備や性能の見せ方についても知恵と工夫を凝らしています。分譲住宅も従来どおりの方法を踏襲するだけではなく、新しい工夫を施す必要があるのです。

分譲住宅も的確なイメージ戦略で売上を伸ばすことができる

設備や性能を売りにしてきた古い体質の分譲住宅業界で、大手分譲マンションのような洗練されたブランディングが果たしてできるのか、疑問に思う人もいるでしょう。しかし、実際にイメージ戦略的なブランディングによって顧客層を広げて売上を伸ばしている企業があります。

例えば、大手ハウスメーカーA社のハウスブランド「Hハウス」です。元々地震や火事などに強い丈夫な家であること、つまり性能や機能を売りにしていたHハウスですが、数年前からライフスタイルにフォーカスし、それに合ったブランド構築に本腰を入れ始めました。住宅のデザインだけでなく、広告のクリエイティブにも力を入れており、直感的に「かっこいい」と感じるような売り出し方を進めています。間取りや設備も顧客のライフスタイルに合わせて選べるプランを用意しており、顧客の自己実現欲求を満たすことを最優先にしています。暮らしをイメージできるブランドへとかじを切っているのです。

このように、機能と性能に特化したイメージが強かった住宅メーカーが、ある意味正反対の生活重視のブランディングをおこなう時代です。せっかく築き上げたイメージを捨てるのですからそのための時間もコストも並大抵ではなかったはずです。それでも、顧客の自己実現を優先したブランディングに変えていかなければ、大手企業であっても売上を伸ばすのが難しい時代が到来しつつあるという証拠なのです。知名度や資金力に劣る中小企業に至っては、いわずもがなです。

ここに住みたいと直感的に思わせるデザイン

どのようなプロダクトでも、外観デザインが重要であることに異論はないと思います。外観デザインは、購買の決め手となる重要な要素なのですが、ほとんどの分譲住宅がどれも同じような見た目で、個性やセンスを感じる家が少ないのは残念なことです。

分譲住宅に個性やセンスを期待しないという顧客が多いのは事実ですが、「すてきな外観の住宅に住みたい」という潜在意識は多くの人のなかにあるものです。顧客自身が気づいていない欲求の一つで、外観だけでなく、分譲地全体の空間をデザインし、それに適したクリエイティブやネーミングでアピールすることができれば、広告を見てもらっただけでここに住みたいと直感的に思わせることもできるのです。

例えば、車の広告ではテレビＣＭもパンフレットも、まずは見た目の美しさやかわいらしさを訴求し、車の排気量や燃費などといった、ハード面の魅力は、訴求する要素の末席に少しだけある程度です。それでも人気のある車はどんどん売れていきます。それは、外観デザインが感情に訴えかけ、商品を手に入れたときや乗っているときに味わえる快感を想起してもらうからです。

私のクライアントのなかには、外観デザインに力を入れたことで、売上が135%もアップしたハウスメーカーもあります。「デザインのよい分譲住宅」というブランディングによって値引きをせずに売り切ることができました。このブランドは話題になり、「今度はいつどこに建つんですか?」と問い合わせがくるほどで、もはや放っておいても顧客がやってくる状態になっています。

逆転の発想で家の外観からデザインする

これまで住宅のデザインは、土地を仕入れたあと、間取りと価格をおおまかに決めてから、設計士が図面を描いていました。この手法は全国ほぼどこでも共通ですが、自由な発想でデザイン性を追求できるとはいえません。結果的に、住宅会社の都合や土地の制約に合わせた、同じような外観デザインになってしまうのです。

一方、外観デザインと区画のコンセプトプランニングを先におこなったうえで図面を作製するという手法は、それとはまったく逆です。具体的には、家の外観のパース（立体的なイメージ図）を先にCGで作ってしまい、そのうえで間取りを描くので、制約なくデザインすることができます、つまり顧客が欲しがる家をデザインすることができるのです。このような住宅を建てるまでの業務フローは住宅業界のセオリーとして固まってしまっており、簡単に変えられるものではありませんが、住宅が売れない時代だからこそ、既成概念を覆していく必要があります。

ここで参考までに、私の会社の建築家が実際に取り入れている外観デザインの手法を紹介します。たった5つの法則に基づくだけで、他の分譲住宅とは一線を画するデザインにすることができます。

住みたいと思わせる家の外観デザインの5つの法則

一つ目は「アイコニックの形成」です。アイコニックとは肖像や聖像、象徴という意味があり、主に美術や芸術のなかで使用されます。具体的には、パッと見ただけで印象に残るポイントを作ることです。例えば家の基本の形状をキューブ型にすることで、印象的な外観を作ることが可能です。シンプルでキャッチーなファサード（建物の正面から見た外観）は、人の印象に残りやすいからです。

二つ目は、「バランスの妙を大切にする」ことです。バランスの良いデザインは、自ずと印象に残ります。黄金比や白銀比を用いながら外観を構成することで、バランスの取れたデザインにすることができます。

三つ目は「ミニマリズム」です。どこか一つの要素が大きかったり、きれいな線が描けていなかったりすると、それだけでバランスが悪くなり、印象に残るデザインに仕上げることができません。なかでも一つひとつの素材はミニマムにして、あえて存在感を消すことが重要です。要素をミニマムにしておくことで、普通の住宅よりお金をかけているパーツをより印象的に魅せることもできます。

四つ目が「陰影」です。それぞれのボリューム感を調整して、どうすれば陰影を出すことができるかを検討することにより、印象に残る外観を獲得することができます。

そして五つ目に「奥行き」です。奥行きがあると、住宅のたたずまいに深みが出て、豊かな印象を与えることができます。陰影とセットで考えることができるので、それぞれのボリューム感を調整して陰影と奥行きを叶えるデザインを作ることが大切です。

この5つの法則を実現するには、住宅だけではなく、外構や分譲地全体も含めてトータ

[外観デザインの法則1]

アイコニックの形成

外観は住宅の第一印象を創り出します。端正なのかスタイリッシュなのかモダンなのか――その印象を創り出すボリュームをつくることが重要です。キューブの形状を基本とし、組み合わせを用いることで印象をさらに高めることができます。

ルにデザインしていく必要があります。1棟ずつデザインするのではなく、分譲地全体でバランスや奥行き、陰影を調整するのです。その結果、美しい外観デザインを獲得し、この家に住みたいというだけでなく、「この区画に建つ家に住みたい」と思わせれば、分譲地そのものの価値も引き上げることができます。

一見手間がかかるように見えますが、デザインの内容としては一般の建売工務店でも施工でき、再現可能な技術レベルにとどめています。現場の職人泣かせの凝ったデザインではなく、洗練されていてかつ再現性のあるデザインであれば、それぞれの会社の特性に合わせて表現することが可能になります。つまり、どのような住宅会社でも、顧客が欲しくなるようなデザイン性の高い住宅を、独自の視点で作り、販売することが可能なのです。

外観デザインにこだわると、必然的に建築原価は上がることになりますが、その分、販売価格を高く設定すればよいのです。外観デザインに価値があることが顧客に伝われば、少し高めの価格設定でも、値引きをせずに売り切ることができます。そういった付加価値をつけて販売した商品を売ることができれば、自ずと売上もアップしていくのです。設備や性能、間取り、駅からの距離といったロケーションによる値決めのセオリーから外れていたとしても、買いたいと手を挙げる顧客は必ず現れます。それは私のこれまでの経験か

[外観デザインの法則2]

バランスの妙を大切にする

バランス感のよい住宅は心地よさを生み出します。逆にバランスの悪い住宅が周辺の街並みまで印象を悪くしてしまいます。黄金比や白銀比に代表される屋根や外壁など、外観を構成する部材は数十種類で構成されています。この一つひとつの部材がすべて組み合わさりひとつの印象を創り出します。

[外観デザインの法則3]

ミニマリズム

樋《とい》がグニャグニャ通っていたり、一つひとつの見付が大きかったりなどの要素が組み合わさると、アイコニックな外観をつくることができません。一つひとつの部材をミニマルに、存在感を消すことが重要になります。

［外観デザインの法則4］

陰影

奥行きをつくることで生まれるのが「陰影」です。法則4と法則5はセットといえますが、単なる奥行きをつくるだけでは陰影は生まれません。ボリュームをどのように配置すれば奥行きが出るか、その組み合わせの妙が重要となります。

[外観デザインの法則5]

奥行き

奥行きがあると住宅のたたずまいに深みが出て、豊かな印象を与えることができます。法則4 の「陰影」とセットで考えることができ、それぞれのボリューム感を調整してデザインすることが大切です。

ら明らかです。
デザインという一手間を加え、その価値を上乗せし、かけがえのない商品に仕上げる。そしてこのこだわりをきちんとストーリーとして伝え、販売をしていく。そうすることで、顧客の潜在的な欲求を満たし、顧客にとっての「お金を払う価値」を引き上げた状態で、住宅を売ることができるのです。

全国の外観デザインを4つにランク化する

分譲住宅のデザインは、全国的にレベルが低いと言わざるを得ません。私の会社では、「外観デザインの5つの法則」をもとに大きく分類をおこない、全国の分譲住宅の外観レベルを4つにランク分けをおこないました。

ランクⅠ：唯一無二のデザインをおこなっている住宅会社（全国で数社）
ランクⅡ：優れたデザインレベルの住宅会社（全国で十数社）
ランクⅢ：デザインをおこなっているが、何かが不足しているレベルの住宅会社（エリア

に数社）

ランクⅣ：デザインといえることをしていない会社（大多数）

このようにデザインに対する意識の低い住宅会社が多い状況は、顧客にとって望ましくはありません。デザイン性の高い分譲住宅が欲しい場合、全国十数社のなかからしか選べず、その会社がエリア外である場合は、そのサービスを提供できないことになるからです。

グッドデザイン賞の落とし穴

戸建分譲住宅事業におけるデザインの重要性が分かってくると、デザインに第三者からの権威付けが欲しくなるものです。例えば、公益財団法人日本デザイン振興会が運営している「グッドデザイン賞」への挑戦です。家電商品や文具など、店頭でひときわ目立つようにアピールされるGマークの受賞商品でなじみのある人も多いと思います。

デザインは極めて主観的な評価であり、情報の受け手の感性によって良し悪しが決まるとされています。これまで左脳的な判断をしてきた多くの経営者は、ともすると主観的になりがちなデザインに客観性を求めたくなるのは無理もありません。

ただ、グッドデザイン賞をとりさえすれば戸建分譲事業がうまくいくわけではありません。

実は私の会社には、グッドデザイン賞の受賞を華々しく宣伝していた住宅会社から、「デザイン」の相談が寄せられることがあります。「売れる建売住宅をデザインしてほしい」というのです。

私の会社にデザインの相談を寄せてくる経営者の多くは、「グッドデザイン賞を受賞した分譲住宅の売れ行きが実際には芳しくない」「思うような利益を確保できなかった」と口をそろえます。受賞したこと自体は後悔していないが、戸建分譲事業の成果には満足がいかないという状態です。顧客（マーケット）はデザインだけではなびかない。『審査員は分譲戸建マーケットに非《あら》ず』ということを物語っているといえます。

戸建分譲住宅を対象としたグッドデザイン賞は、確かに建物単体の機能美と審美性を同時に追求し、コミュニティを意識したデザインもおこなっていますが、いざ、住むとなるとユーザーから敬遠されるケースが多いようです。適正利益で早く売れるかどうか、といった戸建分譲に固有の「事業特性」でとらえた場合、グッドデザイン賞の受賞プロジェクトであっても、経営者が満足できる結果が得られないことにもうなずけます。

経営者は、事業性がよくなければ満足することはないはずです。売れなくても「これは宣伝、ブランディング投資だ」と自分自身を納得させられるのも、ほかの分譲プロジェクトの勝率が良いときに限ると思います。複数のプロジェクトで負けが続くようであれば、経営者の心中は穏やかではいられません。

あくまでも「マーケットから選ばれる」ようにデザインする

受賞プロジェクトの事業性が芳しくないのは、マーケットが感じる「価値」よりも「価格」が上回ってしまっているからです。「価値と価格の適正なバランスから逸脱しているため、顧客から選ばれていない」と言い換えることもできます。このことは、戸建分譲経営のメカニズムを精通したうえでのデザイン戦略が欠かせないことを示唆しています。

ある戸建分譲会社は、有名建築家に依頼して高級分譲住宅を作り、晴れてグッドデザイン賞を受賞しました。まるで海外の高級別荘のようなたたずまいは、数多くの住宅デザインを手がけてきた筆者が見ても息をのむほどの優れたデザインです。

しかし、この邸宅は竣工《しゅんこう》するまでに多くの問題を生んでしまいました。建築家先生のこだわりにより、施工現場で多くの造作工事を求められ大幅な遅延が発生、また、実行予算段階になると見込み原価との大きな乖離《かいり》が認められ、完全なる赤字プロジェクトとなりました。しかも、マーケット感度から乖離した商品になりさがってしまい、なかなか売れないという状態に陥ります。

さらには長年付き合ってきた地元の工務店が、工事を請けたくないと言い出し、大工が離れていきかねない危機を目前にしました。少し大げさな例ですが、グッドデザイン賞受賞企業で事業性に問題を抱える企業で起こるエラーは、細かなレベルで同じようなメカニズムが起きているのです。

戸建分譲住宅は、工事を手がける工務店が無理なく施工できるレベルの仕様で設計すべきです。既製品を使いながら、現場の収まりを優先したデザイン設計が求められます。「マーケットから選ばれるデザイン」を最優先しなければならないのです。

グッドデザイン賞は、デザインを大切にする企業姿勢をステイクホルダーに知らしめるための、ブランディングを目的とするものであれば問題ありませんが、グッドデザイン賞を受賞すればプロモーションに使えるだろうと「売れやすさ」を期待すべきではありません。

戸建分譲住宅のデザインは、戸建分譲事業に精通し、受注から逆算したプロダクト開発（意匠設計）ができる建築家でなければ難しいとされるゆえんです。

顧客視点での販売戦略を持つ

分譲住宅のブランディングを推進していくためには、必要な段階を踏んで緻密な販売戦略を作り上げていくことが大切です。分譲地の仕入れや住宅の外観デザインにとどまらず、付加価値を高めるためのセールス、住宅をアピールするためのクリエイティブコンテンツや映像制作など、すべてが販売戦略に含まれます。

私はこうした販売戦略は業界のデファクトスタンダード（事実上の標準）になるべきだと思っていますが、実際は分譲住宅の販売戦略にここまでする必要があるのか、ここまで細部にわたり作り込む必要はない、などと考えている企業が多いのが現状です。残念ながら旧態依然とした考え方を持ち続けている経営者が多く「作れば売れる」という慢心が今も根強く残っています。

現代はモノやサービスにあふれた時代で、家もしかりです。人口減少により顧客そのものの数が減っているのに、相変わらず他者との差別化ができないレベルで戦っていては、今後売上を伸ばすことは難しくなります。顧客が価値を感じるポイントが変化していることを企業側は理解し、魅力の伝え方を変えていかなければならないのです。

ただし、それを邪魔するものがあります。業界の既成概念です。特に住宅業界ではいまだに立地や価格で住宅の価値が決まる傾向があり、そこに設備や性能を上乗せしてアピールし、競い合っている状況が続いています。そうした硬直した価値観がはびこる業界では、「彼らがこれから望むであろうもの」を見つけ出すのは困難です。そういった既成概念にとらわれず、顧客は何に不便を感じているのか、本当に欲しいものは何なのかというインサイト（購買意欲の核心）を、顧客視点で理解し、時には顧客自身が気づいていない欲求まで叶えるという意識が重要です。

しかし、住宅業界の中でも、特に分譲住宅業界は、セールスが顧客の購買を追体験するのが極めて難しくなっています。シャンプーや衣類、家電製品のような商品であればセールスも気軽に購買体験ができますが、家に関してはそうはいきません。本来、購買体験を繰り返しながら、自分が顧客の立場になれば、不便を感じたり、課題に感じるポイントを実感したりすることができますが、住宅の場合はそれが容易にできないのです。だからこそ、安易な値下げや機能合戦に逃げるのではなく、豊かな想像力で顧客の立場に立ち、柔軟な頭で販売戦略を立案していく必要があるのです。

販売戦略は企業ブランディングに直結する

こういった顧客重視の販売戦略を練ることは、単に家を売るだけでなく、企業価値を高めることにもつながります。顧客に真剣に向き合って努力している会社だと分かれば、顧客は自ずとその会社を応援したくなるからです。それも立派なブランディングです。住宅という商品のブランディングと企業のブランディングは背中合わせなのです。

そう考えれば、ブランディング手法にもさまざまな可能性が生まれてきます。例えば、その家の裏側にある開発ストーリーも含めて発信していくというのも良い方法です。企業そのものがエコに力を入れていると発信するのも良いでしょう。そのようにして自社のファンづくりをするのです。好きな会社が作った家ならばきっと良いに違いないという発想になれば、それは商品のブランディングということにもなるのです。

そうはいってもブランディングとはいったい何をすればいいのか分からない人もいると思います。広告代理店に頼んで、クリエイティブやロゴデザイン、キャッチコピーを刷新すればいいと思っている人もいるかもしれません。

しかし、真のブランディングはこうした表面の要素を刷新すれば済むわけではありません。販売する住宅の価値がどこにあるのか、どのようなストーリーをもって開発された住宅なのか、そういった裏側に隠れている背景や心理、思いなどの部分を突き詰め、そのコンセプトを伝える表現方法を模索していって初めてオンリーワンのブランドが生まれるのです。

分譲住宅としてのブランディングができていれば、従来どおりの値引きを前提としたセールスをおこなう必要がなくなります。住宅業界以外では、ブランディングがうまくいっているがゆえに、ＥＣサイト（オンライン通販サイト）やコンテンツ自体の価値が上がり、広告出稿やセールスをかけなくても顧客を集めることができている企業はたくさんあります。

例えば、ユニクロなどは何も説明しなくてもその魅力を大勢の消費者は分かっています。だから店舗で買い物をしても、ＥＣサイトで買い物をしても、同じような満足度を得ることができるのです。

戸建分譲事業においても、会社の価値や分譲地の価値、住宅の価値をクリエイティブやコピーから正しく伝えることができれば、顧客は集まってきます。丁寧な接客術やセールストークなども大事です。しかしその前に、分譲住宅を作る会社としてどのような思想で住宅を開発するか、それを選んでもらうために魅力が伝わる表現とは何かを突き詰めることが大切になるのです。

理想は、ブランディングによって商品としての住宅の価値を引き上げ、セールスをしなくても自ずと売れていく状態を作り、売れ残ったものだけセールスが売るという流れを作ることです。値引き前提、セールス任せの売り方ではなく、顧客の自己実現欲求を満たすことができる商品を作り、その魅力を適切に顧客に伝えることが重要です。

住宅展示場に依存しない戦略が必要

ただし、住宅の魅力を伝えることも、そう簡単なことではありません。最も分かりやすく、ダイレクトに住宅の魅力を伝えることができる場所といえば住宅展示場ですが、来場者数は、年月によって差異はあるものの、頭打ちの状態です（住宅展示場協議会と住宅生産振興財団調べ）。一方で分譲住宅の着工数が増えていることを考えると、顧客が住宅の魅力を知る場所は、住宅展示場だけではないということです。

このような状況を受けて、メーカー各社が考えるべきことは何でしょうか。住宅展示場への集客を増やす方法を考えるというのが一般的かもしれませんが、そもそも顧客が展示場に足を運ばなくても、異なる方法で住宅の魅力を印象付け、あとは買うだけという状態を作り出すほうが、今の時代には有効です。今や車も家もインスタグラムなどのＳＮＳで欲しい情報を探し出す時代です。それらの施策に注力したほうが、現状に沿ったスタイルで売上を伸ばすことができるでしょう。

すなわち、セールスが直接接客しなくても、商品を選んでもらえるような会社情報の魅

住宅展示場の来場者数推移

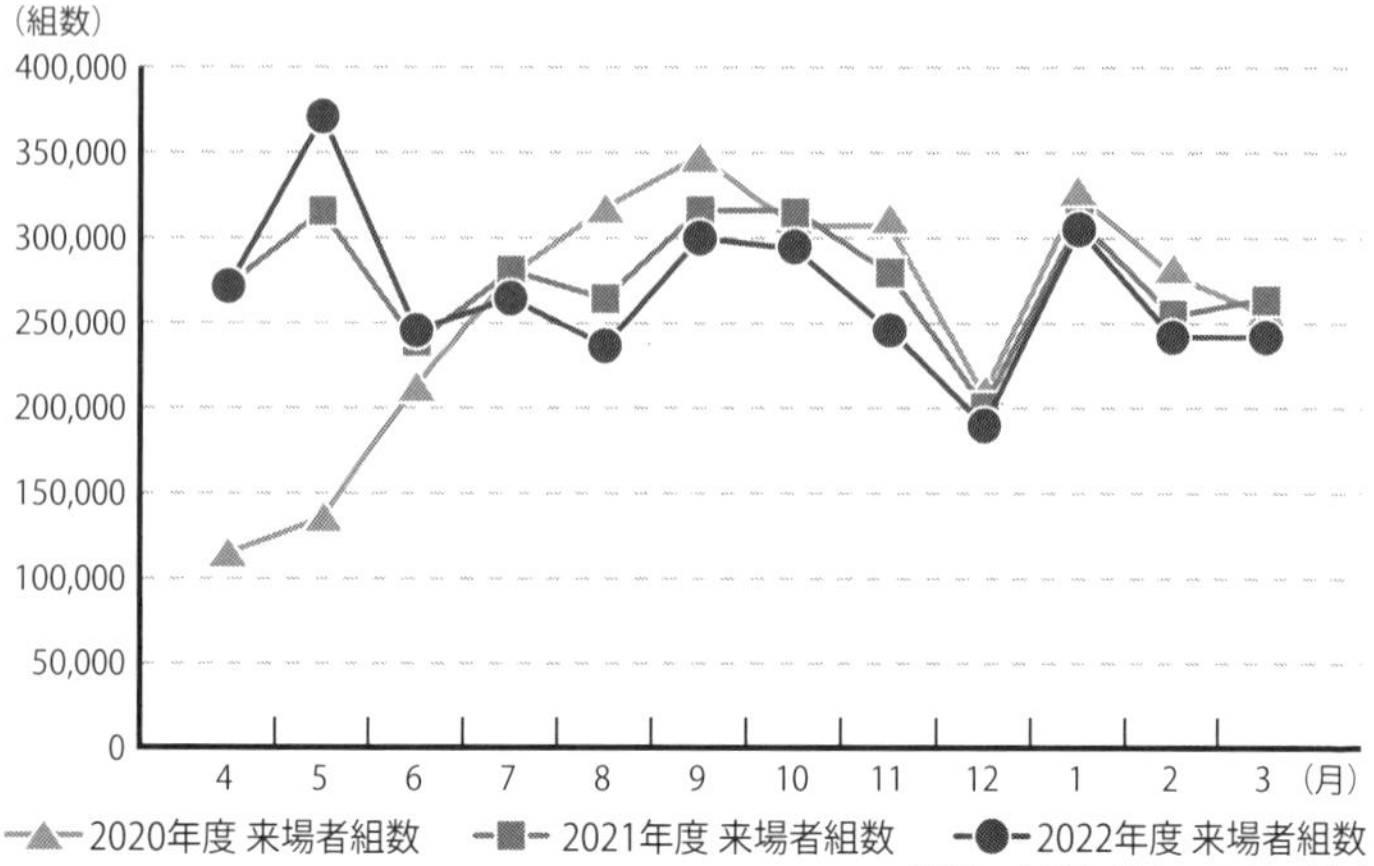

新建ハウジングホームページ／
「住宅展示場来場者3月も前年割れ／2022年度は3.1％減」をもとに作成

せ方、分譲住宅のブランドや商品の魅力を伝える方法を考えることがとても重要です。

人口減少により、そもそも家を買う人が少なくなっています。コストをカットしつつ、少なくなりつつある顧客に住宅を買ってもらい売上を伸ばすには、成約率を上げるしかありません。特に住宅展示場など、顧客が自ら足を運ぶ機会が少なくなり、ＷＥＢやＳＮＳで情報収集をするのが主流になりつつある時代には、マーケティング力を高めて、自社に合った属性にピンポイントでアプローチする必要があるのです。

真に顧客に寄り添ったセールスとは

顧客にとっての「お金を払う価値」を提供するということは、真に顧客に寄り添った価値のある販売だといえます。では、真に顧客に寄り添った価値のある販売、つまりお金を払う価値とは、いったいどのようなものでしょうか。

顧客にとって家は一生に一度の高い買い物です。だからこそ失敗したくないと慎重になっています。ゆっくりじっくり考えてみたい――そう言いたくなる気持ちも分かります。しかし、セールス担当としては焦ります。早く家を買ってもらって、販売の回転率を上げたほうが、自身の成績アップにつながるだけでなく、あまりじっくり考えられてしまうと心変わりをしたり、他の物件に気持ちが移ったりして、二度と戻ってこない可能性もあります。だから値下げしてでも売り急いでしまう……。

しかしこうした心理は、すべて売り手視点でしかありません。本当に顧客のことを考えてセールスするのであれば、顧客の不安に寄り添ったセールスをすべきです。特に重要なのはセールストークです。

まず大事なのは、ゆっくり考えたいという顧客の感情に共感することです。「失敗したくない」という気持ちを察したら、「失敗したくないですよね。分かります」とまずは共感します。そのうえで、「でもいい家があったら早く決めたいですよね」と寄り添うように語りかけるのです。

そして、ここからが肝心です。「失敗しない家の決め方を教えます」と、セミナーで講演するかのように話すのです。買ってくださいではありません。決め方を教えるというスタンスです。あくまでも決定権は顧客にあります。押し売りされている不安感がないので、顧客は安心して物件を検討することができます。じっくり検討できたことで、それが結果的に、早めの成約につながることが多いのです。

顧客の決断をサポートする

また、失敗したくないがゆえに、必要以上の数の物件を見たがる顧客もいます。セールスもそれに付き合ってたくさんの住宅を見せていくのですが、いつまで経っても決まりません。なぜなら、見れば見るほど選択肢が増える、つまり悩みは増えるからです。そうやって悩みながら、決めることができず、3年も4年もダラダラと家を探し続けるなどということが起きてしまうのです。それは顧客にとっても販売会社にとっても不幸なことです。

顧客が自分たちで腹をくくれないのであれば、セールスはその決断のサポートをすべきです。100点満点の家はないことを教えつつ、すれ違いがちな夫婦間の要望をそろえる手助けをします。また、どこを基準に家を評価すればよいかという条件面の調整の手伝いもおこないます。そのうえで「いい家は早く手をあげないと他の人に買われてしまう」という当たり前の現実をしっかり教えます。

ただし売り急いではいけません。気持ちは早く売りたい、しかしその本心をおくびにも出さないということです。顧客が良い買い物をする手伝いをするというのが、分譲住宅セールスのあるべき姿です。そのためには、物件を手あたり次第に見せるのではなく、「あなたにふさわしいのはこの家です」と、あえて選択肢を狭めてあげることが大事なのです。

駄目なセールスは、とにかく物件を見せまくってしまいます。価格的に買えもしないような物件まで見せて、夢を広げてしまう。そんなことをやっていたら、いつまで経っても成約には至りません。

買えない、決断できない、そんなかわいそうな顧客にしないように、セールスがしっかりと導いていくことが大切です。いちばんの理想は、事務所に来てもらい、顧客の予算感を聞いたうえで、希望するエリアの相場感を説明しつつ、いくつか物件を見繕って、その中からベストの物件にピンポイントで案内することです。

しかし、予算面で厳しいのであれば、希望エリアを変更することや、中古をすすめるのも良い方法です。実際、「今住んでいる賃貸物件のエリアが気に入っているから、同じエリアで家が欲しい」「新築戸建てで、人気の湾岸エリアで探したい」という具体的な要望を持つ顧客もいます。その願いを叶えてあげたい気持ちは分かりますが、現実問題として賃貸住宅で住んでいるエリアで戸建住宅を探しても、予算内に収まるのが難しいケースがあります。その場合、居住希望エリアを変えるか、希望する間取りよりも狭い家にするかしかありません。結果的に売上単価が減っても、買わない＝売上ゼロよりセールスにとってよいはずです。

最初の段階から、顧客が持っていない情報を開示しつつ、一緒に同じ目線で探していくということを認識してもらうべきなのです。

ターゲットの心を動かす計画的な販売戦略

顧客に寄り添ったセールスで住宅を実際に売っていくためには、計画的な販売戦略を立てることが重要です。マーケティングによって寄り添うべき顧客のイメージを明確にするのです。例えば、分譲地を選定した時点で、競合分譲地との比較をおこない、自社分譲地の強みを明らかにします。そして分譲地の立地特性や市場調査、顧客インタビューなどを経て、ペルソナを設定し、その分譲地のターゲット＝顧客を決めます。

ただ、ここでも注意が必要です。一般的に「ペルソナを設定する」というと、顧客のニーズを具体化するためにおこなうと考えられていますが、それだけでは不十分です。顧客の心の奥底にある欲求を具体化する必要があります。顧客自身が自覚している欲求ではなく、人間が本能的に求めているものまで掘り下げることが大切です。表向きは「快適な暮らしがしたい」と言っていても、実は「友達や知人にすてきな家だと褒められたい」と思っていることは多く、そのレベルまでペルソナ化します。

ターゲットを決めたあとは、そのターゲットの心を動かすことができるコンセプトを設定し、相場観や提供価値などから価格を設定します。その後に作成するクリエイティブやキャッチコピーはそのコンセプトを反映したものを作成することになります。同時にモデルハウスの準備も入念におこないます。モデルハウスは、顧客が実際の生活を想像するための大事な要素です。ターゲットが生活することを前提に家具や小物類なども取り入れながら、ディテールにこだわって作り上げる必要があります。

こういった入念な準備をしつつ、プロモーション用の写真一つひとつにもこだわります。まだ壁ができる前の工事現場であっても、ライティングを工夫して撮影するなど細かな配慮も必要になります。

情報を公開するWEBサイトの運用にもこだわる必要があります。映画でいう予告編となるティザー広告を準備し、ワクワク感を醸成します。専用サイトでは暮らしをイメージできて、思わず憧れてしまうクリエイティブやキャッチコピーを準備し、コンセプトも明らかにします。フォントや画像の配置などデザインの細部までこだわるのはいうまでもありません。

コンセプトをきちんと説明しつつ、重要な情報を理解してもらうためには、ファーストビューが最も大切です。印象的な分譲地名やロゴ、キャッチコピーや注目すべきポイントをまとめたうえで、イメージ写真や今後参加してもらいたい特別先行販売会などの案内をおこなうのです。また、頻繁にメインの情報を差し替えたり、準備中の内容をブログで公開、予約状況も報告したりしていくことで、顧客が頻繁に情報を確認しに来たくなるサイトにしておくこともポイントです。

コンセプトはペルソナの生活を踏まえてしっかりと作り込みます。家族の具体的なストーリーが想像できる内容にしておくと、顧客のイメージを膨らますことができます。ほかにもどのような情報をいつ出すのかを細かく調整していくことで、顧客のワクワク感を醸成することができます。

自社のファンになってもらうマーケティング

直感的に憧れてしまう状況を作り出すことができれば、ほとんどセールスを必ずとも顧客から好意的な印象を持ってもらえますし、仮に今回は購入に至らなかったとしても自社のファンになってもらうことができます。

住宅業界に限らず、さまざまな業界でファンマーケティングが強化されています。例えばホテル業界であれば星野リゾートなどが代表例です。顧客にとっての感動体験と企業の理念に共感できるような商品設計をおこなう必要があります。感動体験とは、人に言いたくなる購買体験です。会社が口コミを書いてくださいと言わなくても、自ら人に言いたくなるような家を提供していくのです。

理想はセールスをしなくても勝手に売れていくことです。これを住宅業界で成功させている会社があります。ハウスメーカーのＩグループです。Ｉグループでは、自社でセールスせず、仲介業者が顧客を連れてきて売れていくというスキームを作り出すことに成功しています。Ｉグループの場合は、安さがあるためこれを実現できていますが、資本力のない中小企業は、価格の高い住宅でこのスキームを目指すべきです。

分譲住宅に対して、なぜこれほどブランディング戦略が必要だと私が力説するかというと、それは住宅が売れにくくなっているからにほかなりません。分譲住宅の開発に参入する競合他社が増える一方、人口の減少も相まって顧客自体が減ってきています。そんな状況であっても、住宅会社は家を売らなければなりません。売るためには知恵を絞らないとなりません。ですので、住宅業界全体の常識を見つめ直し、どの部分で差別化を図るべきかを考えるタイミングがきているのです。

広告やWEBサイトでこだわりのストーリーを伝える

分譲地や住宅のデザインにこだわり、そのコンセプトやストーリーを伝えることはマーケティングにおいて非常に重要です。一生の買い物である住宅を買う際、顧客はやはり慎重になりますし、じっくり比較検討して悔いのない最終判断をしたいと思うからです。生涯賃金がなかなか上がらず、一方で住宅価格が上がり続けている昨今では、その傾向はますます顕著です。

時間をかけて慎重に選ぶ人が多くなっているからこそ、設備や性能だけではなく、どのような会社がどのような思いで作っているのかを伝え、感情的な部分で納得してもらうことに意味があるのです。単純な美しさやかっこよさだけでは、家への情熱が冷めたときに、なぜこんな家を選んだのかと後悔しかねません。この家こそが、自分にとっては運命の家なのだということを思わせるだけの価値を打ち出すことが重要です。

そのための有効な方法の一つが、ファンのためのコミュニティを作ることです。インターネット上にブランディングサイトを作り、そこに登録してくれた顧客にメールマガジンなどで定期的に情報を発信することで、見込み顧客からファンに引き上げることを狙うのです。

実際、大手分譲マンションの一つであるN社のPシリーズでは、ブランディングサイトを作成し、自社の最新情報やライフスタイル情報を発信しています。同マンションのライフスタイルに憧れるファンを醸成し続けることで、その顧客の近隣にPシリーズのマンションができたときにはすぐに申し込みが入るという仕組みづくりに成功しているのです。このような手法があるからこそ、大手分譲マンションは募集・即完売といったことが起きるのです。

このような大手分譲マンションの販売戦略を、戸建分譲住宅の販売に活かすことは大いにおすすめです。マンション開発の場合、施工や販売は、基本的に別の会社あるいは関連会社、協力会社に依頼し、デベロッパーは、マンションのブランドづくりとプロジェクトマネジメントに専念します。それだけブランディングを重視しているのです。分譲住宅でも同様にブランディングに力を入れていけば、セールスをかけなくても売れていく住宅を作ることは可能なのです。

小手先ではなく地道に丁寧にブランド力を上げる

しかし、その方法を間違えた方向で推進しようとしている企業がいくつか見られます。セールスの効率化と称してDXを全面的に打ち出してセールスする会社です。本来力を入れるべきはそういった小手先のセールス手法の効率化ではないはずです。顧客が住宅に何を期待して、どのような情報を必要としているのか、そういったことをきちんと伝えられるセールスでなければ意味がありません。DXを導入して、セールスの効率が上がったとしても、真の意味で顧客にとってメリットのあるセールスができていなければ、販売力は弱体化していくばかりです。

むしろ、自社に興味を持った顧客にファンになってもらうための施策に、時間とお金をかけていくべきです。ブランドのファンを育成するのは時間も費用もかかります。だからこそ、しびれを切らしてしまう、結果が出るまで待ちきれない企業も多いのだと思います。

しかし、現在は事前の情報収集を入念におこない、情報の武装をしている顧客が多くなっています。販売会社の立場からすれば、顧客の事前の情報収集の時点で魅力を感じてもらえなければ、販売競争のスタート地点にも立つことができない厳しい時代に、私たちは家を売る仕事をしているのです。

しっかりと販売競争のスタートラインに立つためには、ネット上のクリエイティブやWEBサイトの段階からきちんと商品の魅力をビジュアルとともに伝え、その商品が出来上がるまでのサイドストーリーもしっかりと伝える。一見タイムパフォーマンスが悪いようにも見えますが、地道にブランド力を作り上げることがファンの醸成につながり、長い目で見たときに大きなメリットをもたらしてくれるのです。

そうした努力を一切せず、結果的に売れ残ってしまった住宅を売るためにダラダラと広告を出し続けたり、無理なセールスをかけたりすることが販売戦略ではありません。顧客は時間をかけてリサーチしていますから、まだ売っているということは売れ残りであることを十分に察しています。そうした売れ残りを売り切るテクニックはありますが、それ以前に売れ残らない施策を打つことが大事なのです。

マーケットアウトの発想で家を作って売る

従来の住宅業界ではプレイスとプライスによる影響が大きいという状況がありました。場所と値段で住宅の価値が決まり、その条件に合う住宅から売れていく業界だからです。つまりプロダクトアウト的な発想です。プロダクトアウトとは、企業が作りたいものを作り、場所と価格が合えば買ってくださいという企業視点の発想で、顧客目線のものづくりとはいえません。

プロダクトアウトより顧客視点に立つ販売方法がマーケットインです。昨今さまざまな企業で取り入れられている手法で、その地域に住む住民の所得や家族構成、価値観などを調べたうえでペルソナを設定し、顧客が求める住宅を作る手法です。

しかし、この方法では顧客の想像を覆すような、本当の欲求を満たすような住宅づくりは困難です。市場からも予想される範疇《はんちゅう》のものでは、高く売ることは難しく、強気な価格設定をして売れ残ってしまうこともあり得るからです。

そこで必要になってくるのが、「マーケットアウト」の発想です。顧客の想像の範疇を

マーケティングの変化

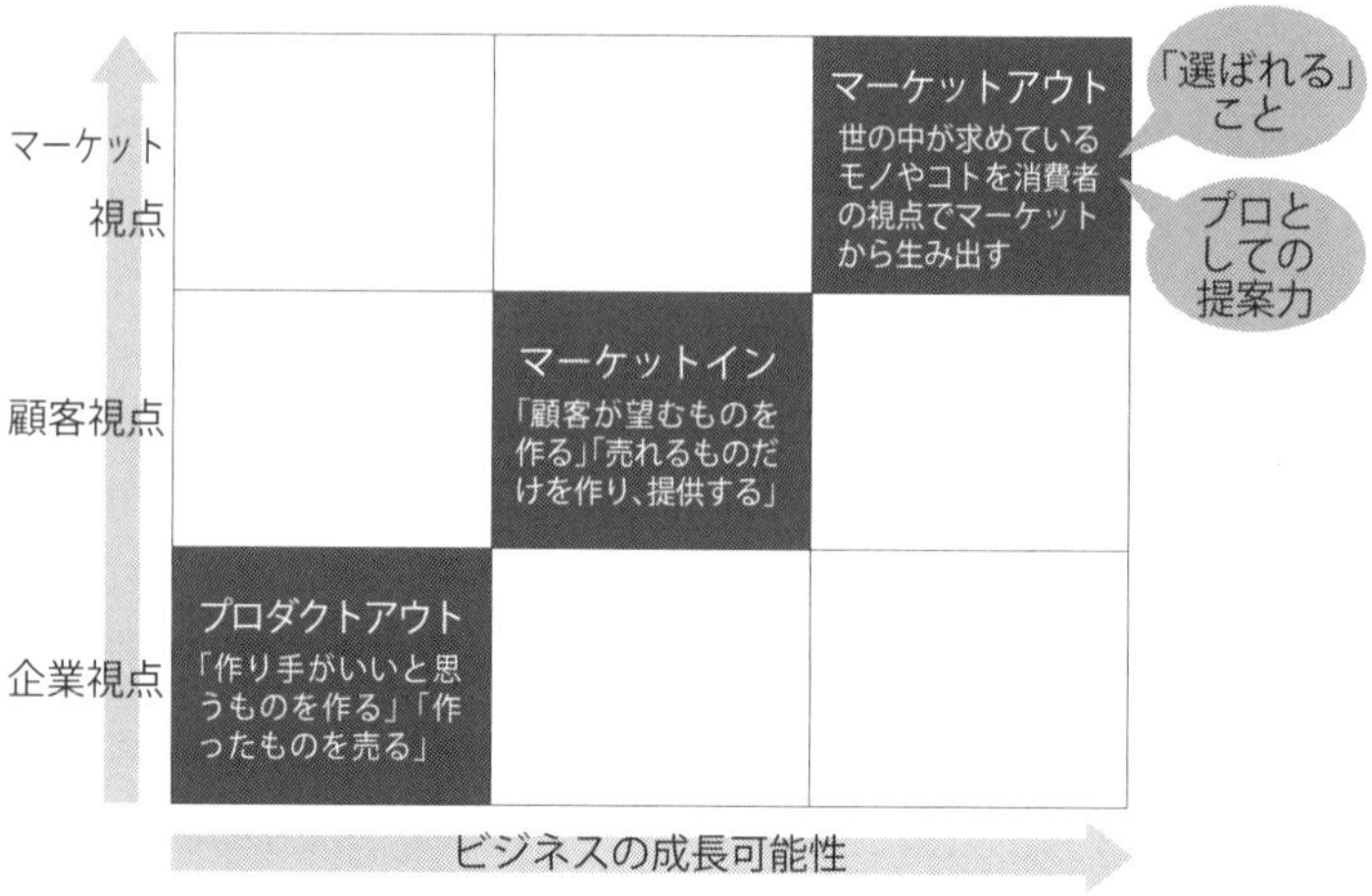
マーケット
視点
顧客視点
企業視点
マーケットアウト
世の中が求めている
モノやコトを消費者
の視点でマーケット
から生み出す
「選ばれる」
こと
プロと
しての
提案力
マーケットイン
「顧客が望むものを
作る」「売れるものだ
けを作り、提供する」
プロダクトアウト
「作り手がいいと思
うものを作る」「作
ったものを売る」
ビジネスの成長可能性

越える、ある種の夢を与えるほどインパクトのあるものづくりをする。クリエイティブやコピーからその住宅への憧れを醸成するイメージです。

住宅購入とは、高い買い物であると同時に大きな夢を見られる買い物でもあります。すてきな暮らし、新しい生活が叶えられる場所として、その家を見せることができれば、顧客の予想を越えて、直感的に住みたいと思わせられるのです。

顧客の夢を叶えるということは、言い換えれば顧客の奥底にあるインサイトを叶えるということで、「コア固有欲求」とも呼んでいます。

家を買う人の表向きの欲求は、「快適な暮らしがしたい」「広い家に住みたい」「便利なロケーションに住みたい」などです。しかし、それを叶えることを訴求したところで実際に顧客の購買意欲を刺激できるかというと、難しい側面があります。なぜなら顧客自身が自覚している欲求であり、想像の範疇にとどまっているからです。つまり、必要要件ではあってもこれがあるから買いたいという絶対条件ではないのです。

一方、例えば「友達や知人にすてきな家だと褒められたい」「ほかにはないデザインの家でかっこいい暮らしをしたい」というシンプルな欲求を、実は人間というのは本能的に求めているのです。高級車や高級時計を買う心理と同じです。そういった欲求に応えるものは、プロダクトアウトでもマーケットインでも作ることができません。顧客の想像を超えるマーケットアウトの手法でないと難しいのです。

しかし住宅業界において、マーケットアウトを実行できている企業は少ないのが現状です。その一歩手前のマーケットインで開発を進める企業も多くなってきましたが、やはり顧客が望む設備性能や間取りは似通ってしまい、企業ごとに差別化するのが難しくなってきています。そうではなく、誰も目をつけていないような外観デザイン、玄関へのアプローチなどで満足感を与えられるほうが、顧客も気づいていない欲求を満たすことができて圧倒的な差別化になるのです。そういったマーケットアウトのデザインというのはとても重要な要素です。

家電では、このマーケットアウトの考え方がすでに浸透しています。例えば、ユニークな家電を開発販売することで有名なとある日本の家電メーカーは、従来あったトースターや電子レンジなどに、これまでにはなかった洗練されたデザイン性を追加したことで注目を集めました。

しかしこれは顧客がデザイン性の高い家電を求めたわけではありません。顧客自身も気付いていなかった「家電はおしゃれだと使っていて心地よい」というコア固有欲求をとらえることができたから、圧倒的なブランド力を手に入れることができたのです。ほかにも掃除機メーカーのD社なども、性能とデザインのバランスをとりながら、おしゃれに見せることに成功しているブランドです。今やそのブランドを、扇風機やドライヤーにまで横展開しています。

世の中で注目を集めている商品のほとんどが、マーケットアウトによるものと言っても過言ではありません。今や性能は良くて当たり前で、さらに支払いたいと感じてもらうためには、所有欲を満たす、あるいは直感的に欲しいと思わせるデザインにすることが重要なのです。

顧客のコア固有欲求を満たす住宅をデザインする

住宅業界におけるデザインの文脈は、これまで注文住宅が請け負ってきました。いわゆるオーダーメイドで顧客の希望に合わせて作る住宅です。しかしこれは典型的なマーケットインの開発方法です。例えば、主婦目線で家事動線を考えた間取りや、できるだけたくさん収納を作るという設計は、顧客からの要望を叶えるかたちで生まれたものに過ぎません。つまり、そこにデザイン性はあるようでないのです。

マーケットアウトの開発をしていくためには、単に顧客の要望に応えるのではなく、作り手の明確な意思によってデザインをすべきです。例えば、玄関ライトのデザイン、カップボードのデザイン、扉のデザインやクロス、外構など、すべてをトータルでデザインするのです。それぞれを業者任せにすることもできますが、どこかでズレが起きたり、実際の施工に問題があるデザインが上がってきたりということが起きる可能性があります。再現性のあるデザイン、施工にも問題なく、バランスのとれたデザインを叶えるためには、できるだけ施工会社がトータルでプロデュースすべきです。それによって、顧客の想像を超える洗練された世界観を演出することが可能になります。

ただ問題なのは、住宅業界の場合、高級車のように最終的なデザインの良し悪しをジャッジする人がいないということです。デザインが大事だからという意識はあっても、どのようなデザインがいいのかを判断できる人がいなければ、低い水準のデザインになってしまいます。デザインに力を入れていくのであれば、きちんとデザインの良し悪しをジャッジできる責任者に権限を持たせて、開発を進めていくことが重要です。

住宅業界では、パワーバランスとしてセールスの力が強いという特性があります。直接顧客から話を聞くのはセールスですし、その会話のなかから顧客の求めているものが何かを探るのはセールス担当者だからです。このアプローチはいわゆるマーケットインの発想です。日当たりがよく、窓が多い家が良いという顧客がいると、セールスはそういった家のほうが売れると思い込みます。事実、そのような住宅を作るよう設計士に指示することもあります。しかし実は、窓の多さよりも少ない窓で形状やレイアウトを緻密にデザインしたほうが顧客の要求を満たせる場合もあるのです。

セールスからの意見をもとに設計している限り、本当に顧客が求める家を作ることはできません。それでも、パワーバランスから、設計士は泣く泣く作っているというようなことも起きています。本来なら、売れるデザインを作れる人間がヒエラルキーの頂点に立つべきです。それは分譲住宅にもいえることで、もっと設計士がのびのびデザインできる環境にあっていいはずです。

住宅業界のミッションは、住む人の人生を豊かにする家を提供することです。だからこそ、顧客のインサイトを満たした住宅、すなわちマーケットアウト型のデザインを、開発段階からしっかりと取り入れていくことが大切なのです。

Part 2 要約

- 販売価格を下げることは、ますます苦しい道を自ら選択することを意味する。価格を上げても売れるような会社へと変貌しなければならない。
- 戸建分譲経営はSPA型ビジネスモデルであり、SPAを強化して、建てる前に売る「売建比率」を高めることが理想。そのためには商品力、ブランド力、マーケティング力をつける必要がある。
- 戸建分譲事業で追いかけるべきKPIは、注文住宅事業とは異なることを理解する必要がある。
- 大手分譲マンションのブランド戦略を参考に、顧客が価値を感じるポイントに狙いを定めたブランディングをおこなうべきだ。
- 分譲住宅の外観デザインは、他社との差別化の決め手となる。「住みたい」と直感的に思わせるデザインが重要。
- グッドデザイン賞は、デザイン性の高さをアピールする手段だが、事業性の高い住宅とは限らない。戸建分譲事業に精通し、マーケットから選ばれるデザインが必要。
●真に顧客に寄り添ったセールスをするためには、計画的な販売戦略（マーケティング）を立て、ターゲットの心を動かすことが重要。
●広告やWEBサイトで、住宅へのこだわりのストーリーを伝えることで、ファンを醸成し、売れ残らない施策を打つべきだ。
●マーケットアウトの発想で、顧客の想像を超える住宅を作り、クリエイティブやコピーから憧れを醸成することが重要。
●マーケットアウト型のデザインを開発段階から取り入れ、住む人の人生を豊かにする家を提供することが住宅業界のミッション。

Part 3

家の外観・外構のデザインだけでは売れない！

〝分譲地全体のデザイン〟で
ブランド価値を確立する

ブランディング戦略のなかで「デザイン」が
重要なのはいうまでもありません。
しかし、家の外観や外構のデザインだけでは不十分で分譲地全体を
デザインすることでブランド価値を確立する必要があります。

洗練されたデザインがＷＴＰ（willingness to pay）を高める

私がブランディングと分譲地の価値を引き出す必要性を説くのは、これらに工夫を凝らすことによって、分譲住宅の価値を高める変数のうち「建物」の部分を引き上げることができるからです。場所や価格は土地仕入れの段階である程度確定してしまう要素ですが、建物の質はいくらでも差別化できる要素があります。建物の質は、顧客がお金を支払いたいと感じる価値（willingness to pay／以降ＷＴＰと呼びます）を高めるのに大きな役割を果たします。

人には、場所や時間に価値を感じて高くても買おうという購買心理が存在します。例えば、富士山に登頂し、山頂でビールが飲みたいと思ったとします。そのとき、どうしても飲みたいと思えば、通常よりも高い価格で販売されていても、「富士山からの景色を見ながら、ビールを飲みたい」という思いを叶えたいと思うはずです。この購買行動は、ビールそのものにお金を支払いたいのではなく、その場所でしか体験できない価値を感じているから、高くてもビールを買おうと思うのです。これが、顧客がお金を支払いたいと感じる価値、ＷＴＰです。

WTP（willingness to pay）

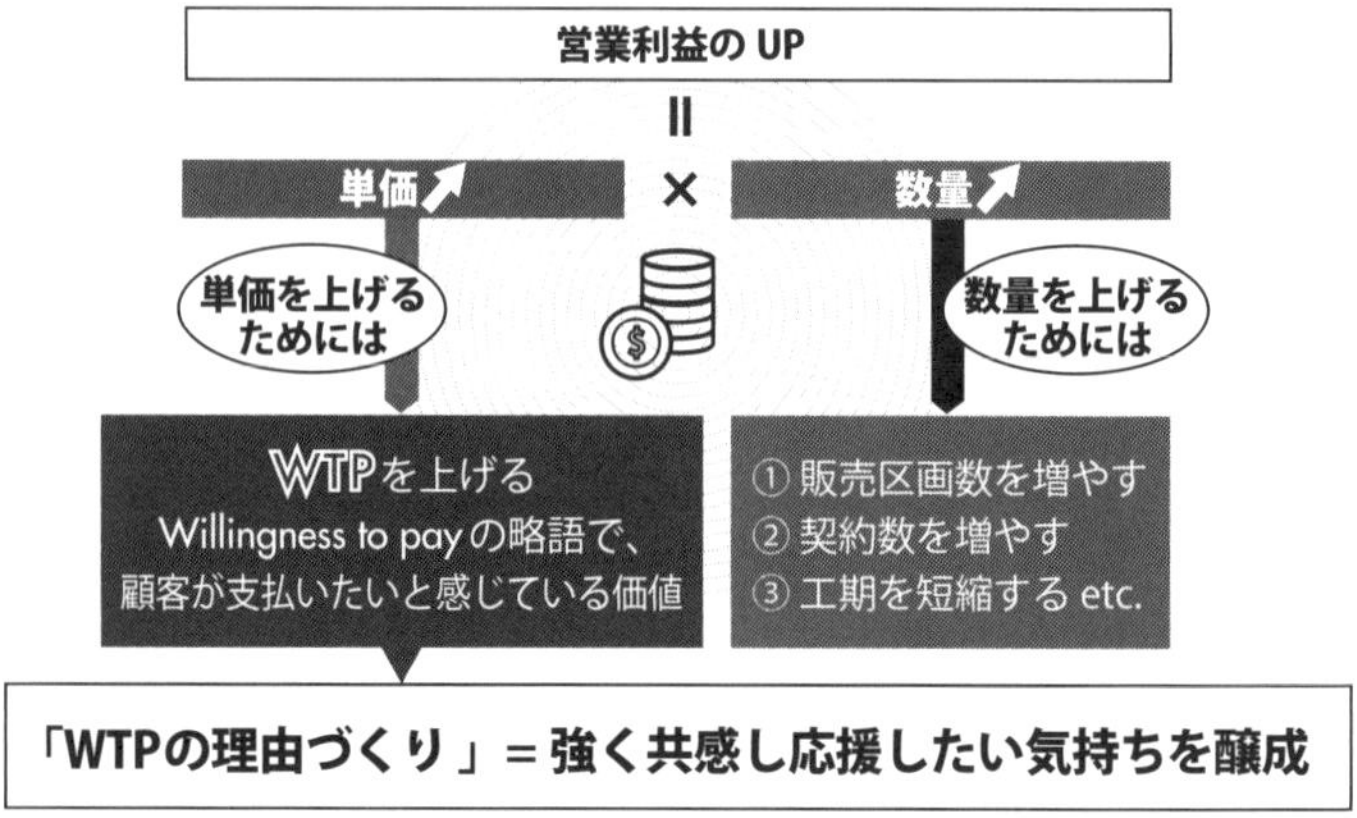

実際、人がモノを買うときの決め手は、価格がすべてではありません。例えば、航空業界やホテル業界は、「ダイナミックプライシング」という制度を導入しています。これは一年を通じて一律の価格でサービスの提供をせず、繁忙期や閑散期の需要に合わせて、臨機応変に提供サービスの価格を変動させるというものです。繁忙期には閑散期の5倍から10倍近い価格になることもあります。もちろん閑散期は比較的安くなるのですが、これが単純な価格競争のシステムでないことは理解できるでしょう。消費者は、たとえ値段が高い時期であろうとも、この時期に必要なサービス提供を受けたいという欲求があれば、価格が高

くても支払うということを証明しています。この事象もWTPを利用した一例といえます。値段が高くても、その時期に経験したいから、使いたいから、そもそも「時間」に大きな価値があるから、高くても購入するというわけです。

価格よりも価値があると判断してもらえれば、分譲住宅も売れるのです。逆に、価格を下げたくないのであれば価値を上げるしかありません。そして企業努力で磨いていきやすいのは、まさに建物の価値なのです。

WTPを高めるために建物の価値を上げる

これまでは建物の価値を上げるために、住宅の設備や性能、機能を高める工夫が施されてきました。しかし、設備や性能、機能は自社の努力だけで解決できるものではありません。なぜなら、これらの部材は住宅販売会社が設備会社からパーツを仕入れるためです。設備自体をカスタムメイドできるわけではなく、良い設備にしようとすると、単純にグレードの高い設備を仕入れる必要があり、そのため費用が多くかかってしまいます。つまり、コストが上昇するのです。自社で施工するパーツや工程に関しては費用の調整が可能ですが、そうはいかないパーツをグレードアップしたい場合、そのコストを住宅価格に上乗せする必要があります。

しかし、そこまで費用をかけたからといって、設備性能を売りにして住宅が売れるとは限りません。設備性能を求めるとコストがかかり、しかもその分の費用を回収できないとなれば、売れても結局はもうからないという事態に陥ってしまいます。それはたいへんもったいないことです。それよりも、企業側がコストをかけずに建物の価値を最大限引き上げるためにやるべきことは、デザインを洗練させることです。

洗練されたデザインがＷＴＰに密接につながっている事例は、ハイブランドなどを例に考えることができます。ハイブランドを購入する顧客のなかには、その商品の機能だけでなく、ブランドそのものが持つデザイン性に惹かれたり、ハイブランドを所有しているという欲求が満たされたりするから買いたいという人が多くいます。彼らのなかには商品の品質を重視している人もいますが、それ以上に商品のブランド力に価値を感じているから購入するのです。

車のデザインでも同様の傾向が見られます。同じメーカー内で価格帯が異なる複数の商品があったとします。そこで顧客が商品を決定する際に、予算に応じて購入するのではなく、同じメーカーだとしてもより洗練されたデザインのハイエンドモデルのほうを魅力的に感じて手にする、という事例が多く見られます。予算という決定要素を脇に追いやり、デザインが決定打として威力を発揮するのです。このように洗練されたデザインは、消費者の自己実現欲や所有欲を満たし、WTPを引き上げる効果があります。

住宅販売においても、WTPを上げるためには、建物の価値を向上させることが重要です。建物の価値は、設備や機能、性能ではなく、洗練されたデザインによって決まります。そしてブランディングによって、さらに希少価値を高めることができるのです。

分譲住宅というと、どこか画一的で判を押したかのような家が建ち並ぶイメージがあるかもしれませんが、実際には一つひとつの家に唯一無二の希少価値があります。その希少価値をアプローチしていく方法がブランディングなのです。顧客が心の奥底で求めているコア固有欲求を満たす住宅づくりをマーケットアウトで実現し、洗練されたデザインとブランディングによってWTPを引き上げていくことが大切です。

WTPを高めるパースの見せ方

住宅販売に欠かせないアイテムに住宅のパースがあります。パースとはperspectiveの略称で、一般的には遠近法のことを指しますが、建築業界では、建物や外観がどのようになっているかを分かりやすく立体的な絵で表現したものを指します。未完成な建物等の完成予想図として用いられることが多く、一定の図法を用いて、図面では分かりづらい部分を立体で表現しています。

なお、建物の外観を描いたものは外観パース、室内を描いたものは内観パースと呼ばれます。CG加工やCGと写真を合成することで、よりリアリティのあるパースが描かれることも多く、CGクリエイターが制作にあたるケースもあります。作成されたパースは、プロモーションやプレゼンテーション、企画用といった社内向けに利用されるほか、戸建住宅やマンションの完成予想図として、住宅関連企業の販売促進にも使われることはいうまでもありません。

一般的には、住宅を建てる際にはまず図面を作成し、それをもとにパースを作るのが順当な流れですが、私の会社では、図面の前にパースづくりから始めています。住宅そのものの美しさだけでなく、分譲地全体で目線を広げてみた際にも美しく洗練された景観が形成できるよう、街並みの凹凸や立体感、抜けのある空間などのバランスをとりながらパースを作成し、そのうえで図面を作成するのです。この方法をとることで、内観はもちろん、外観の部分でも高い価値を持たせることができます。

パースを設計する際には、分譲地ごとに、どの角度から分譲地を再現したら美しく見えるか、顧客に買いたい家だと思わせることができるか、つまりWTPを上げるにはどうすれば良いかを考えながら念入りに作成します。パースは、写真に置き換えれば、どうすれば被写体が最も良い構図で映るかを考える作業に似ています。顧客が買いたいと思えるような角度や構図、景観を考え、そのうえでパースの紙面上で各区画の面積を決めていきます。

その際、分譲地内で区画ごとに面積やデザイン、価格の緩急をつける必要があります。分譲地のすべての土地に均等にコストをかけるのではなく、パースのなかでメインとなる数区画に時間や手間をかけ、それ以外は抑えた販売価格になるよう調整するなど、パースを引いたうえで調整していきます。ただ単に住宅を売ることを考えるのではなく、分譲地内での住宅の配置、そのバランスの良さ、全体の美しさを考えて要素を配置していくことが重要なのです。

パースを優先した家づくりをおこなうことは、住宅業界のなかでは異端といえるかもしれません。しかし、設計士からは「こういうことがやってみたかった」という声があがるのも事実です。セールスに「こういうデザインにしてほしい」「顧客の言うとおりにしてほしい」と指示をされ、デザイン性を無視した形で妥協して要望を反映して設計しているケースも往々にしてあるのです。

しかし、設計のプロがトータルコーディネイトした住宅のほうが、より無駄な要素がなく、洗練された住宅が設計できるはずです。良い住宅を生み出すだけでなく、設計士の意欲向上にもつながるのです。分譲住宅を扱う企業として、彼らの意見を汲み取り、デザイン性にこだわった家を作ることは、ひいてはインナーブランディングにもつながっていきます。

また、外観のパースにこだわる理由は、内観のパースだけを一生懸命作り込んでも、顧客のWTPを引き上げるのには限界があるからです。設備性能や機能に大きな差がなくなり、内観で差別化するのも難しくなっています。むしろ間取りを示しすぎると、顧客が間取りにこだわりすぎて、いつまでも家の購入に踏み切れなかったりすることも起きてしまいます。

また、外観は他人から見える分、よく見せたい、こんな家に住んでいることを自慢したいという欲求を刺激します。ハイブランドのブランドそのものが持つデザイン性に惹かれたり、ハイブランドを所有しているという欲求が満たされたりするから買いたいという欲求と同じです。だからこそ、外観のパースによりこだわることで、すすんで買いたいという欲求、すなわちWTPを上げることができるのです。

用地選定時からデザインは始まる

デザインの設計は用地の選定時から始まります。特に集客に期待できる立地の良い場所であれば、大きな効果を発揮できるからです。周辺人口が多く、ターゲットとなる見込み顧客が多い場所や、近隣の他社分譲地と比較して差別化できる場所、区画数が多く街並みとしてアピールできる場所であれば、ブランディングによって早期完売を目指すことができます。近隣の競合分譲地と比較して、自社の分譲地はどのような差別化ができるかを考える必要があります。そのうえで、用地の購入を進めていくことがポイントです。

分譲地が確定したら、分譲地の立地特性を調査していきます。保育園や学校、病院やスーパーやレジャー施設、交通の便などを調査していくと、実際にどのような住民が住んでいる街なのかを理解することができます。

住民の特徴が明らかになったら、さらに詳しくペルソナを設定します。過去の顧客や市場の調査をおこない、実際に顧客にアンケートをおこなったり、顧客インタビューをしたりして決めていきます。

ある程度ペルソナを固めたら、次は家族構成や年収、勤務先のイメージやライフスタイルなどを含めてターゲットを定義します。

そしてターゲットが決まったら、いよいよ分譲地のコンセプトを設定します。建物のハード、ソフト面、街並み、ロケーション、営業スタイルなどを固めていきます。これらを踏まえて住宅価格を決定します。周辺競合や過去の成約事例の相場感を確認したうえで、原価に利益を積み上げる方法か、提供価値を見極めて値付けする方法があります。

コンセプト確定の流れ

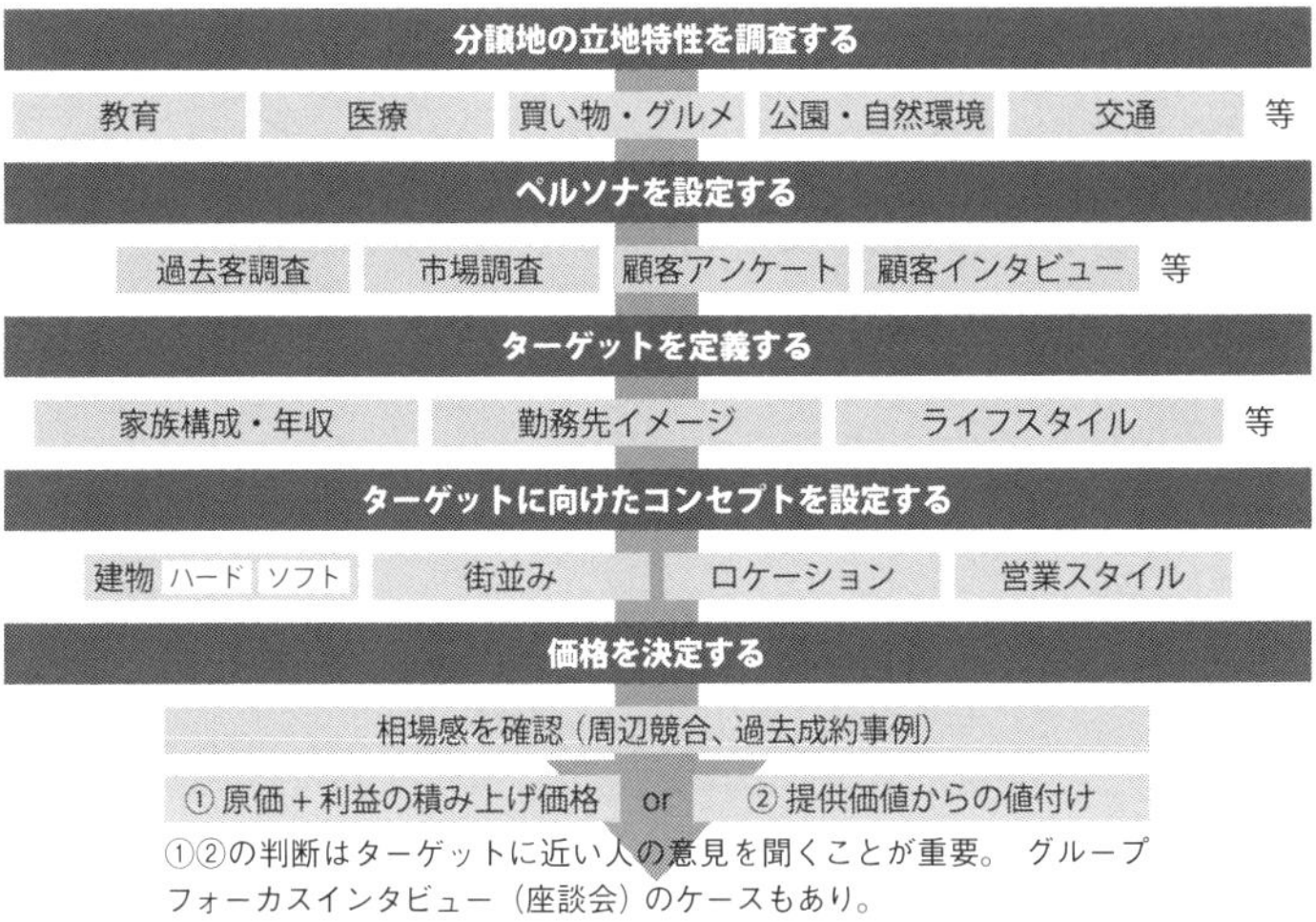

分譲地の立地特性を調査する
教育
医療
買い物・グルメ
公園・自然環境
交通
等
ペルソナを設定する
過去客調査
市場調査
顧客アンケート
顧客インタビュー
等
ターゲットを定義する
家族構成・年収
勤務先イメージ
ライフスタイル
等
ターゲットに向けたコンセプトを設定する
建物 ハード ソフト
街並み
ロケーション
営業スタイル
価格を決定する
相場感を確認（周辺競合、過去成約事例）
① 原価＋利益の積み上げ価格 or ② 提供価値からの値付け
①②の判断はターゲットに近い人の意見を聞くことが重要。 グループフォーカスインタビュー（座談会）のケースもあり。

ペルソナに基づいて住宅のコンセプトを決める

ペルソナは、名前から年齢、職業、年収、現在住んでいる賃貸物件など細かく定義していきます。具体的なイメージ写真なども併せて載せておくと、関係者間でのイメージを統一しやすくなります。ほかに夫と妻それぞれの性格や趣味、休日の過ごし方、好きなブランド、将来設計などの価値観、住宅へのこだわりなども設定します。

このペルソナを設定することで、住宅のコンセプトを固めやすくなります。自社にとって都合のよいペルソナにならないように、事前におこなった分譲地周辺の住民の特徴を反映したペルソナを設定するのが肝要です。

顧客のペルソナやターゲットが決まったら、次は住宅のコンセプトを決めていきます。分譲地名も現場のコンセプトなどを踏まえて決めるようにします。分譲地のプロジェクト名称一つとっても、慎重に検討する必要があります。WEB検索にかかりやすい地名や親しみやすさなど、考慮すべき点が多くあります。特に、名称から受ける印象によって物件の売れ行きや販売価格に大きな違いが出るので、プロジェクト名のネーミングは販売戦略に欠かせないポイントといっても過言ではありません。

スターバックスコーヒーやマクドナルドなど、マーケティングが秀逸な近隣の商業施設名につけられている地名表記を参考にすることは良い方法です。京都市内のスターバックスコーヒーを調べてみたところ36店舗のうち27店舗、実に75%の店舗に「京都」という固有名詞がつけられています。「京都」という地名そのものに価値があるのは言うまでもありません。「京都」がつかない9店舗のなかにも、「河原町」「烏丸」などそれだけで価値のある地名がついている店舗があります。スターバックスコーヒーは全店でWTPを高める店舗名称を意識しているといえそうです。そのため、検索のヒット率も上がっています。例えば、分譲地のプロジェクト名称に該当地の住所の一部を名称に入れる場合も、近隣の商業施設などがどういう施設名称をつけているかも参照することがポイントです。

例えば、「宮久保」というところに分譲地がありました。しかし、「宮久保」という地名だけでは、どこの「宮久保」か分かりません。また、該当地の近隣チェーン店は、調べてみると「市川宮久保」と名付けていました。つまり、「市川」という知名度の高い地名が使われているほうが、検索ヒット率も上がるだろうということです。それを踏まえて、当該分譲地は「市川宮久保」と名付けています。

また、たとえ立地にデメリットがある場所であっても、メリットが伝わるようなキャッチコピーをつけていくことも大切です。少し不便な地域ならば、それを逆手にとり、自然豊かでカブトムシやホタルが見られることをアピールするのも有効です。例えば、東京都寄りの千葉県にある分譲地の場合、あえて「東京のとなり」という目線を変えたコピーをつけて販売したこともあります。そのエリアの持つ魅力や歴史なども含めて、分譲地のセールスポイントとして取り上げていくと、よりよいブランディングになります。条件が悪い場所だから売れないのではなく、魅力を伝えるためにはどのような説明が有効かを考えるのです。

近隣のたたずまいについてもアピール点をまとめます。例えば、図書館や学校などが多い場所であれば、教育熱心な家族へアピールするようアプローチ方法を考えることができます。近隣道路の交通量が多いという事実があるならば、振動や騒音対策を万全にした家づくりをしていることをアピールする必要があります。分譲地の特徴をまとめておくことで、差別化すべき項目を明らかにすることができるのです。

ペルソナの価値観を定義する

次に、作成したペルソナがどのような価値観を持っているかも定義します。特にそのペルソナが家を購入したいと考える理由は何かという価値観を考えて、どのような家づくりをすれば良いかを考えます。

顧客の価値観をまとめることで、分譲地全体にどのようなコンセプトをもたせれば良いかをきちんと見極めることができます。例えば、子どもとのコミュニケーションを重視する顧客がペルソナである場合、家の間取りはもちろん、分譲地の住民同士がコミュニケーションをとれるようなコミュニティスペースがあれば、ペルソナにとってより価値ある分譲地にすることができます。2階のリビングから遊んでいる子どもたちに声がかけられるような配置、間取りを工夫すると良さそうです。

ここまでコンセプトを決めて、その内容どおりに家づくりができれば、地元住民にとって価値のある分譲地にすることができます。まずは、分譲地のある地域を理解し、そこに住む住民の価値観を踏まえたうえでコンセプトづくりをしていく必要があるのです。

分譲地をトータルでデザインする

分譲地のコンセプトが固まったら、次に外構と街並みのデザインに取り組みます。例えば、子どもとのコミュニケーションを重視する顧客がペルソナの分譲地であれば、大きな共有部を設け、簡易な公園のような空間を作ったり、街全体がオープンな雰囲気になるよう外構をデザインしたりします。また、すべての住宅のリビングを分譲地のコミュニティゾーンに向けて開口するように設計し、玄関前で遊ぶ子どもを見守れるようにするなど、さまざまな工夫が可能です。さらに、分譲地のシンボルツリーを植えてモニュメントを置いたり、シンボルツリーにまつわるイベントを開催したりと、空間だけでなく、住民の体験までトータルでデザインしていきます。共用部の管理方法や維持費などの概算も算出しておくことで、現実的な目線で計画を進められます。

また、分譲地がある地域が抱える課題を解決するという差別化でコンセプトを決定する方法もあります。例えば、雪が多い青森県では、冬場の雪かきが大変な労力を要するにもかかわらず、それに耐えるのが当たり前となっていました。そこで、自分の敷地の雪をグレーチングの下に捨てることができる融雪溝と、雪が積もらないように散水消雪パイプを設置するダブル融雪システムを導入したニュータウンを作り上げました。この分譲地に住めば、敷地内に雪を高く積み上げたり、深夜に除雪車が稼働したりするという重労働から解放されます。「冬の雪かきは当たり前」という概念を覆し、ストレスから解放され安心に包まれる場所というコンセプトで分譲地をデザインしたのです。

分譲地それぞれの特徴を入念に調査し、周辺住民の価値観や悩みを踏まえたうえで、顧客の心の奥底にあるインサイトを突き詰めることで、分譲地の価値を最大限に引き出すブランディングが可能となります。

印象に残り、かつ再現性のある外観デザイン

分譲地全体のデザインを終えたら、ようやく家自体のデザインです。家のデザインで最も大事なのは外観デザインです。見た目の良い家に、人は住みたいと思うからです。WTPの高い外観デザインを作るには、一般的な平面図から考えていく設計手法では限界があります。むしろ初期段階から外観デザインを決めていくことで、よりWTPの高い外観デザインを実現することができます。

しかし、ここで問題になってくるのは、デザインとは非常に属人的で、デザイナーによってクオリティにばらつきがあることです。それでは再現性がなく、さまざまな分譲地でトータルデザインをおこなうことは困難です。そのため、自社でマニュアル化し、どのような分譲地でも独自性のあるデザインをして売り切ることが重要となります。

住宅会社に所属する設計士にデザイン性の高い住宅を求めることは難しいものです。というのも設計士の多くは学生時代から主に構造を中心に学んできており、理系の領域を得意としていることがほとんどで、結果的に建築業界は、感性領域のアートやデザインとは遠いところに位置してきたのです。

自動車メーカーでは、工学畑の機構エンジニアにマーケットが心酔するような自動車ボディのデザインを要求することはなく、プロのデザイナーへ依頼するのが通例です。アパレルメーカーでも、デザイナーが専門職として存在しますし、近年の家電メーカーはデザイン価値の向上を重要戦略に位置づけ、デザインセンスの高いデザイナーが重宝されています。一方で、住宅業界には未だ専門職としてのプロダクトデザイナー（意匠建築家・デザイナー）が存在していません。

「カマセル」「キル」「ズラス」「カキトル」

私の経営するデザイン会社では、意匠建築家が手がけるデザイン性の高い住宅を科学的に分析し、住宅会社の設計士が高いデザイン性を再現できるように数十種類の意匠設計手法を伝授しています。今回はその一部を紹介します。

まずは巨大なキューブ状を基本形とします。ここから足したり引いたりといったさまざまな手法を加えていくのです。

手法の一つ目は「カマセル」です。基本となるキューブ型の形状に対して、要素を〝噛《か》ませる〟ように配置することで2つの面が生まれ、奥行きと陰影を作り出し、バランスも整えることができます。

二つ目の手法は「キル」と「ズラス」です。切る、ずらすことで、やはり2つの面が生まれ、奥行きと陰影を生み出すことができます。また、変形した土地にも対応可能となります。

三つ目の手法が「カキトル」です。欠き取ることでやはり2つの面が生まれ、奥行きと陰影を作ることができます。

基本的にはこの3つの手法を組み合わせて、家の外観をデザインしていきます。

ただし、これらカマセル、キル、ズラス、カキトルの手法だけでは、シンプルすぎる住宅になってしまう可能性がありますので、実際はさらにアイコニックになる要素を追加し、バランスを整え、奥行きを出していくことが必要となります。それらのテクニックは専門のデザイナーでなくても、一定期間学ぶことで習得できます。

外観デザインの基本

「マッシヴ」なボリュームを基本形とする

手法①カマセル

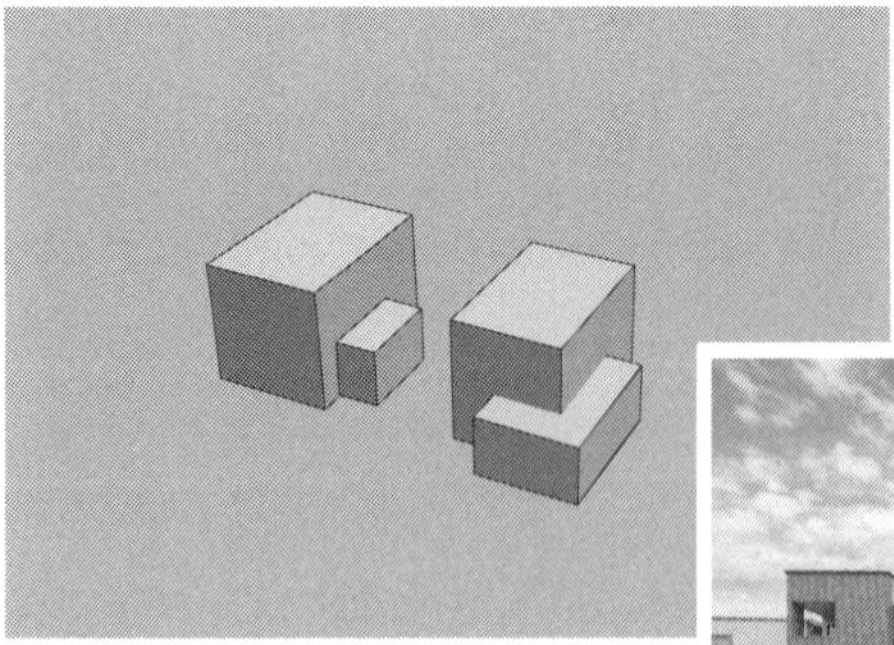

かませることで2つの面が生まれる
→・奥行きと陰影をつくることができる
　・バランスがとりやすい

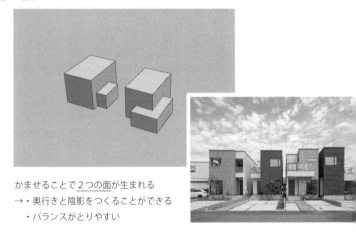

手法②キル／ズラス

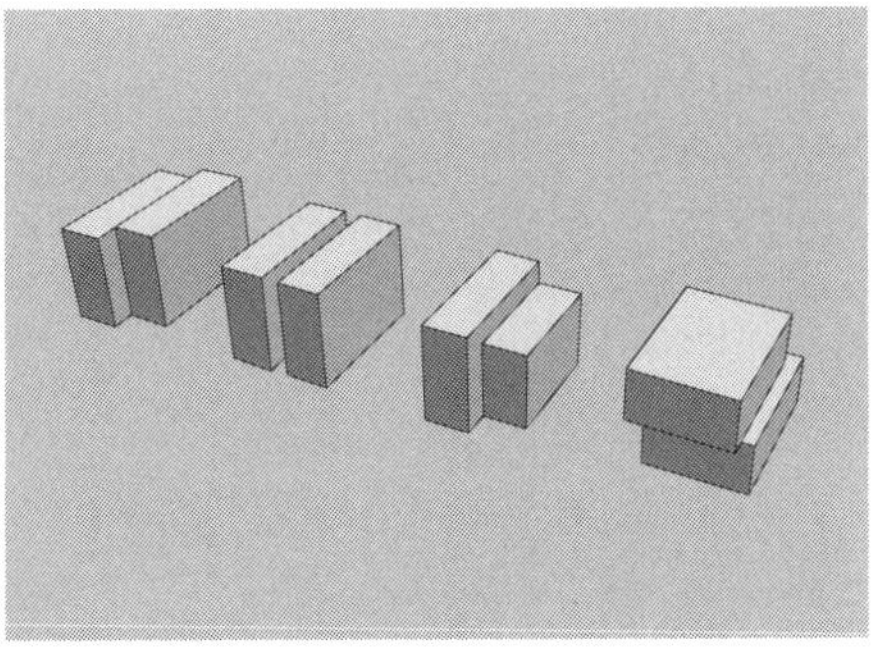

切る／ずらすことで2つの面が生まれる
→・奥行きと陰影をつくることができる
・変形土地にも対応可能

手法③カキトル

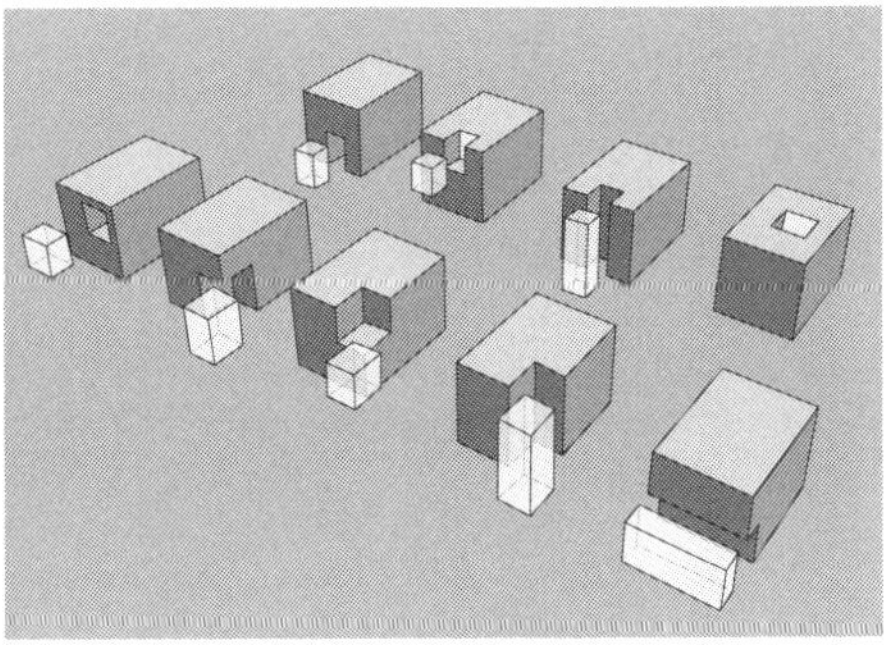

欠きとることで2つの面が生まれる
→・奥行きと陰影をつくることができる

家の価値を高める外構エクステリアのデザイン

戸建分譲住宅にとって、外観デザインだけでなく、植栽や門扉、フェンスなどを巧みに使うなど、外構エクステリアをどのようにデザインしているかも重要な購入判断基準です。なかには安い住宅をつくって高く売ってやろうという悪徳業者がおり、そうした業者が施工する場合、外構や照明、植栽などの予算は真っ先に削減されてしまいます。そんな〝おまけ〟のようなものに、お金をかけても仕方がないと思うからです。

しかし、住む人の気持ちを考えると本来はカットすべきでなく、付加価値として積極的に価格に上乗せすべき要素です。心を動かすデザインが実現すれば、販売価格を上げることができます。ただし、それを価値のあるものと伝えるのには工夫が必要です。

ポイントは、この建材や素材を使用している理由、デザイン性の高さなど、一つひとつのデザインに対するこだわりをストーリーで語ることです。「なるほど、だからこの植栽を使っているのか」と顧客が納得してくれれば、大きな付加価値になるのです。

外構エクステリアにこだわっている例として、高級料亭があげられます。

薄暗い夜のとばりのなか、奥ゆかしいライトアップでところどころに浮かび上がる夜色の草木をたよりに、決して直線ではなく、蛇行しながら玄関まで進む――高級料亭の路地は、食事を愉しむ前に用意された演出として、効果的に機能しています。

このような演出を住宅にも取り入れることで、価値を向上させることができます。実際私の会社では、小径を折りながら連続したシーンをつくりだすシークエンス手法など、外構エクステリアのデザイン手法を構築し、価値向上を実現しています。

さらに昨今、「住宅会社に外構デザインの価値を伝えられるようにしたい」との大手建材メーカーL社からの相談を受け、住宅会社に提案する立場にあるエクステリア専門事業者に向けた経営セミナーを実施しました。

そのセミナーで住宅のＷＴＰを高める外構エクステリアのデザイン手法を伝えたところ、外構エクステリア会社からの相談が寄せられるようになりました。外構エクステリア会社は、自社がとりあつかう外構領域にこそＷＴＰを高める強力な武器があることを、住宅会社に伝えることが求められています。一方で戸建住宅会社は、自社の商品戦略上、外構を安易にコスト削減対象とするのではなく、効果的に戸建住宅のＷＴＰを高めるデザイン手法があることを認識すべきです。

大手が敬遠するような土地を企画力とデザイン力で商品化する

注文住宅のデザインを得意とするアトリエ系一級建築事務所では、整形地よりも変形地、平地より高低差のある土地を好んで選びデザインします。例えば、延長敷地のある奥まった土地は相対的に低い不動産価値であるとされていますが、デザイナーの腕の見せ所でもあります。

旗竿地と呼ばれる延長敷地区画は、限られた敷地をできるだけ多くの区画で切る際にできた、いわば「余り」の産物です。その場所は分譲地の奥まった場所に位置する区画のため、日当たりや風通しが悪くなりがちで建物の間口もほとんど見えません。オフィシャルな不動産価値鑑定基準でも、相対的に低い価格設定になっているのも合理的でうなずけます。延長敷地区画は、大幅に低い価格設定をしてなんとか売りきる――なんの疑いもない、戸建分譲事業者の常識ともいえる事実です。

しかし、分譲地プロジェクトごとの利益の最大化を目指す私のクライアントでは、WTPの底上げにより旗竿区画で顧客同士による取り合いが起こる状態を目指します。「奥にあるあの区画がよい」「私もその延長敷地の区画がよい」と、需要側が強い状態をつくることで需給バランスの均衡を崩します。供給側のパワーバランスが上がることで、強気の価格設定ができるようになるのです。

このように考えると、用地仕入れ段階での競合が多く値段が高くなりがちなきれいな土地（西日本では「べっぴんさんな土地」とも呼称されます）だけでなく、個性のある土地を仕入れたり、ユニークな区割りの仕方を進めたりするのもよいことです。大手デベロッパーが敬遠するような土地を、自社の企画力やデザイン力で独自に商品化することができれば、ブルーオーシャンのなかで戸建分譲事業を推進することができます。

こだわりは自社のコアブランディングにつながる

ブランディングとは、分譲地や住宅の「こだわりと価値」を自ら表現することにほかなりません。一つひとつの分譲地について周辺調査をおこない、ペルソナを決定し、コンセプトづくりをおこなうのは容易ではありませんが、これまで手をつけてこなかったコンセプトデザインや外観デザインにこだわった家づくりに取り組むことは、ある意味での挑戦でもあります。しかし、こうした一つひとつのこだわりと手間が、分譲地や住宅、ひいては企業としての価値を高めるのです。

人は、価格よりも自分にとっての価値を感じられるものには、財布のひもが緩むものです。それは、住宅のような高額な買い物であっても同様です。分譲住宅は、用地の仕入れや施工にコストがかかるからこそ、価格を下げずに売り切りたいというのは、どの住宅販売企業にも共通する本音でしょう。価格を下げずに家を売るためには、その価格以上の価値を持つ家づくりに取り組むことが不可欠なのです。

住宅を売るために、自社の商品に価値をつけ、分譲地ごとの特徴に合わせて価値の付け方を変えていく。そうすることで、企業のこだわりと実績が顧客を引き付け、分譲地仕入れの有利さにもつながっていくのです。

自社のコアブランドを築き上げることは、顧客から見た自社の印象を向上させます。アップルの新製品発売が常に注目を集めるのは、これまでのアップル製品に対する顧客の信頼があるからです。高い性能と美しいデザインの商品を作るだろうという期待が消費者にあるからこそ、注目が集まるのです。

このように、ある程度の地位があるメーカーの良い点ばかりに目が向けられる現象を「ポジティブハロー効果」と呼びます。昨今は、良いものを作り続ければ、顧客は応援してくれる時代なのです。そして、その応援は共感や拡散という機能も持ち、次の顧客も呼び込んでくれます。良いものづくりが消費者にきちんと評価され、選ばれ続ける時代なのです。マーケットにおける信頼の残高を貯金していくように、未来を見据えた良質な住宅づくりに取り組むべきなのです。

住宅以外のデザイントレンドにも目を向ける

ＷＴＰを高める外観デザインを理解するには、住宅以外のデザイン手法にも目を向けることが重要です。

東京ディズニーリゾートに代表されるような大型アミューズメントパークは、来場客に夢を与えるすてきな空間である必要があります。実際の構造物よりもはるかに大きく見せる必要がある場合は、人の錯覚を利用した設計手法が用いられたりします。高さや奥行きが感じられるように設計段階から遠近法などが駆使されていることは建築業界では有名な話で、たびたびテレビ番組でも紹介されています。

また、マスクをした人の顔は相手に好印象を与えるという説があります。「遮蔽《しゃへい》効果による平均化」などアカデミックな実験と検証がなされていますが、実験結果を見るまでもなく「マスクをした人は、マスクを外す前よりもよく見える」ことは誰しも実体験として持っていると思います。

「マスク現象」を住宅に応用すると、例えば延長敷地区画の場合、分譲地の奥にある区画は前の建物に隠れて見えない部分ができますが、全体の印象を良くするために、見えている部分をいかにデザインするかが重要になります。

また、欧州の輸入車やレクサスをはじめとする近年の高級車は、フロントグリルが大きく象《かたど》られています。高級、かつ、荘厳な印象を与え、カーオーナーの所有欲を掻き立てています。あるいはSUV型のスーパーカーは、ファミリータイプの自動車と見られないように、道路と同調する黒やグレーのリアバンパーを下方にもうけ、ボディ部分をシャープでスポーティに見せることに成功しています。

これらはすべて、ビジネスの意図をもとにデザイナーが高度なデザイン手法を活用している事例ですが、元をただすとデザインの原点にたどり着きます。つまり、自然界の造形美です。

黄金比、白銀比など、自然界にはデザイナーが学ぶべきことが多々あります。また、自然界に存在するものには必ず一定の「ゆらぎ」が存在します。1/f《エフブンノイチ》ゆらぎは、居心地のよい空間と情報を与え人の心を落ち着かせるといわれています。私の会社では、このような自然界にある普遍的なデザイン法則を取り入れ、戸建分譲の街や家のデザインに活かしています。

デザイン戦略は企業経営の根幹にあるべき

企業経営にはデザイン戦略を欠かすことができません。なぜなら、売上と利益に直結するからです。

欧州へ訪れると、至るところに「デザイン」が浸透しており感動することがあります。郵便局や自転車ステーションなど、パブリックな施設ですらデザインが洗練されています。欧州の人たちは、良いデザインに囲まれて日常生活を送っています。高級家具やシステムキッチン、自動車などのデザインは、欧州が常に先端を走っていることにもうなずけます。
しかし、「良いものに囲まれて生活の質を高めたい」というニーズは、日本人のなかにもあるはずです。

日常にあふれる日本の製品をながめながら、「プロダクトの一生」を考えたことがあります。冷蔵庫やエアコン、洗濯機といった身近な商品、いわゆる白物家電と呼ばれたこれらのプロダクトは、家事を楽にするために機能性を追求してきた歴史を持ちます。「パワー向上」「自動化」「省エネ」「多機能化」「軽量化」「コンパクト化」と開発は進み、そのたびに生活者は買い替えをしてきました。

さらに昨今の白物家電は、白くなくなってきていることに気づきます。黒やグレーの冷蔵庫やシルバーの洗濯機など、洗練された生活を彩る商品が並ぶようになりました。また、取っ手が見えない構造で見た目をすっきりさせるなど、スタイリッシュなデザインが目を引く冷蔵庫や炊飯器も飛ぶように売れています。

機能の追求から始まった多くのプロダクトは、過度な機能が付加された流れをゆり戻すかのように機能を制限し、最終的には実用性よりも、所有すること自体が自身の生き様やスタイルを映すような洗練されたデザインへと落ち着くという流れです。

プロダクトの価値にデザイン性が付加されたとき、下降傾向にあった相場価格は持ち直し、高利益をつかむ企業が出てきます。まさに、ＷＴＰが高まる局面です。

安さが最大のセールスポイントのはずの１００円均一の大手チェーン店でさえも、くすみカラーの雑貨が取りそろえられ、「おしゃれなものと同じ空間で過ごすと気分があがる」という潜在ニーズを喚起し、堅調な業績を維持しています。このようにデザイン品質を高くしながら情緒的なＷＴＰを追求しています。デザイン性の高い１００円均一専門業態店が出店を増やしている様子をみると、１００円でまかなえる生活雑貨においても、所有することによるスタイルの投影ニーズが高いことがうかがえます。

商品やサービスを購入するのは感情で動く「人」です。ロジカルに商品を開発しても、人の心を動かせなければ、その商品は売れません。

住宅業界は、依然として性能を過度に追求しているフェーズにいます。マーケットと業界の取り組みにズレが認められるところに、自社が重点的に取り組むテーマを設定する——このように考える企業にとっては、チャンスが多いといえます。

Part 3

要約

- 分譲地全体のトータルデザインでブランド価値を高めることが重要。
- 洗練されたデザインがＷＴＰ（willingness to pay）を向上させる。
- 建物の価値を向上させることが重要で、建物の価値は設備や機能、性能ではなく、デザインによって決まる。
- 住宅パースの見せ方を工夫し、顧客のＷＴＰを高める。
- 用地選定時からデザインを開始し、分譲地の特性に合わせたコンセプトづくりをおこなう。
- ペルソナ設定によりターゲット顧客像を明確にし、住宅やコミュニティの設計に活かす。
- 分譲地全体の外構や街並みをトータルでデザインし、コンセプトを体現する。
- 科学的分析に基づき、再現性の高い外観デザインの設計手法を開発。
- 外観デザインだけでなく、外構の門扉やフェンスをどのようにデザインしているかも重要な購入判断基準になる。
- 企業のデザインへのこだわりが、自社のコアブランディングにつながる。

Part 4

競合他社との価格競争とは決別！

ブランド価値を正しく伝える営業力で、「最後の1区画」まで値引きせずに売り切る

大手が参入してきたからといって
価格競争に巻き込まれる必要はありません。
顧客の立場に立ってニーズを理解し、
信頼関係を築くことで値引きせずに
「あなたから買いたい」と思ってもらうことはできるのです。

顧客がたどり着きたい未来へと導くのが本来のセールス

経営者にとって、自社のセールスの課題を解決することは重大なテーマです。

そのためにはまず、セールスとは本来、何を目的におこなうものなのかを考える必要があります。

私は、顧客がたどり着きたい未来（顕在的にも潜在的にも）へと導くものであるととらえています。

私のキャリアは、住宅のセールスではなく、経営コンサルティング業から始まりました。一見セールスと関係していないようですが、実は大いに関係しているのです。経営のコンサルティングをおこなう場合、対象の顧客の多くは企業の「経営者」です。経営者が自社や自身のたどり着きたい場所に進めるような道筋を示しながら、そのために取り組むべき内容を提案するのです。同じようにセールスも、顧客の未来のありたい姿について、セールスと顧客が合意を取りながら、その未来への期待を増幅させることにほかなりません。

例えば自動車は、それを手に入れることで移動手段が増え、利便性が向上するメリットだけでなく、かっこいい車を所有することへの喜びも得ることができます。さらに、車を購入するという行動には、今よりも未来を良くしたいという期待が込められています。その感情をより大きく抱いてもらうためには、セールスは、今よりも顧客の生活が豊かになるという前提で提案していく必要があります。良いセールスであるためには、顧客がよりよい未来を手にすることを約束する覚悟が求められるのです。

一方で、人は何かを決断するときに失敗を避けたいという心理が働きます。何かを購入することで失うものがあるのではないか、失敗するのではないかという不安を抱えているのです。特に高額な買い物をする場合は、「こんなに大きな金額を投資するのだから絶対に失敗したくない」という損失回避バイアスが強く働きます。

住宅は特に一生に一度の買い物になる顧客が多く、最初で最後の購入になることが少なくありません。どのような顧客も、住宅を買うことで叶えたい未来があり、そして失敗は避けたいという思いを抱いています。

このような心理を持つ顧客に寄り添うためには、住宅購入を目標として、そこまでの道筋をどのように示せばよいかをセールスが考えることが重要です。理想のマイホームを手に入れるためには、どのような行動をすればよいかを顧客とともにコンサルテーションしていくイメージです。

売れないセールスは「買えない顧客」をつくる

セールスの大前提を考えれば、現在の住宅の一般的なセールススタイルは理想的な状態とは言いがたいものがあります。多くのセールスは「とにかく家を売りたい」という、相手への感情よりも事実と結果を優先した考えのもと、顧客にさまざまな物件を見せ、彼らが気に入ったら即座に契約に至ることを期待しています。特に分譲住宅の場合、このパターンが多いのです。しかし、商品（住宅）をやみくもに見せて、気に入ったら買ってもらうという安直なセールススタイルでは、安定した売上は見込めませんし、顧客にとって本当に満足のいく購買体験になっているとはいえません。

例えば、化粧品の販売では、美容部員は顧客の好みや肌の状態に合わせて商品を紹介するのが一般的です。ただ単に人気商品や新作商品をポンポンと次々に見せられても、顧客は「本当に自分に合っているのだろうか」「興味が持てないな」と関心を抱きにくく、購入意欲も湧きません。顧客も「この人は本当に私のことを考えてくれているのだろうか」

と疑心暗鬼になり、その販売員に対して信頼感を持てないはずです。

これは住宅においても同様です。矢継ぎ早にたくさんの住宅を見せられても、情報が増えていくばかりでいつまでも契約につながりません。むやみに住宅を見せて設備や性能などの情報を増やしたり、予算オーバーの物件を見せたりすると、顧客の目が肥えてしまい、いつまで経っても決めきれない顧客になってしまいます。セールスが住宅を見せすぎることで、「買えない顧客」を作り出してしまうのです。これは売れないセールスの典型的な例といえます。

このように売れないセールス、さらには住宅を矢継ぎ早に紹介する方法が「買えない顧客」を生み出すことに気づいていない企業が多く存在しています。自社のセールスが売れないセールスをしていることに気づかず、「とにかく頑張れ」と背中を押して、セールスのための行動量を増やすように仕向けても、住宅が売れるようにはなりません。そして行動量を増やした分、顧客にさらに住宅情報を見せ、ますます買えない顧客を増やしてしまう。これでは完全に悪循環です。ただただ売れないセールスと、買えない顧客が増えていくだけなのです。

口下手でも売れる3つのステップ

売れるセールスになるためには、勝利のシナリオを持つことが大切です。そのシナリオは、3つのステップで構成されています。

第1ステップは、住宅のプロとして顧客から頼りにされるように、信頼関係を築くことです。そのうえで、第2ステップとして、販売するときの基準を顧客に与えます（フレーミング）。そのうえで、最終の第3ステップとして、顧客の基準を踏まえた差別化を図ります。住宅を売りたいからといって、すぐに住宅をたくさん見せて、自社の差別化ポイントを語るのではなく、まずは信頼関係を作り上げることが重要です。

しかし、自社の売りたい物件の話や強みとなるポイントの話ばかりしてしまうセールスが多いのが現状です。顧客との信頼関係ができていない状態で、こういった圧の強いセールスをされると、顧客にとってはただの苦痛となります。そうなると、住宅を決める判断基準が設備性能やロケーションだけになり、最終的に価格勝負になってしまいます。これでは分譲住宅それぞれが持つ固有の価値を伝えることができません。また、同じ住宅を購入していたとしても、顧客自身がその家の価値を真に理解していないため、本当に満足のいく購買体験になったとはいいにくいのです。

私は経営コンサルタントの時代からこの3つのステップを重要視し、その後、分譲会社のセールス時代に実践してきました。まずは顧客の懐に入る、顧客と仲良くなってプロとしての信頼を得る、そのあと商品のアピールをして他社と差別化していくといった流れです。この手法はある程度の流れを理解すれば誰でもできることです。具体的な手法を順に解説します。

第1ステップ「顧客との信頼構築」

第1ステップは「顧客との信頼構築」です。まずは顧客とセールスの立場を忘れて、人当たりのよさや親切さ、話しやすさを認識してもらい、会話したいと思ってもらう必要があります。顧客から好感を持ってもらったあとは、アドバイスしてもらいたい、相談したいと思ってもらえるように、住宅購入コンサルテーションのプロとして認識してもらうことを目指します。具体的には、顧客が持つこういう家が欲しいという条件に共感したうえで、有益な情報を小出しで提供するほか、夫婦間の共通する条件や、互いに持つ希望条件のすり合わせをする場所にサポーターとして参加していきます。まずは人として好感を持ってもらい、そのあとに信頼関係を築いていくのです。

第2ステップ「フレーミング」

第2ステップの具体的な手法は、「フレーミング」です。顧客が希望する条件に合わせて、家探しで必ず押さえるべきポイントの枠を決めるイメージです。野菜でそのイメージを例えてみます。自然に優しい栽培をしているものが食べたいという条件があれば、その人は有機野菜を選ぶはずです。ちょっとおいしい、ちょっと変わった野菜が食べたいという条件がある場合は、ブランド名がついたものや、有名な産地のものを購入します。「フレーミング」とは、購買するときの基準を顧客に与えることを指します。さまざまな条件をすべてクリアする家を探していくのは、とても骨が折れる作業です。ここよりもいいところ、さらにいいところと、上ばかりを見ていくと、結局予算とのバランスがとれず、かといって妥協もできず、顧客は購買を決めることができません。住宅についても同様です。顧客それぞれに合った条件を踏まえて、その基準で住宅を選べるように誘導する必要があるのです。

例えば、飽きのこない家がよいと思っている顧客がいるとします。その場合、住宅探しの条件に普遍的なデザイン性という条件を考慮して、その基準で家探しをおこなっていくべきです。この条件が入ることで、基準に満たない住宅を一気に排除することができます。絶対的な基準を決めておくことは、成約を決めるうえでの第一歩です。

第3ステップ「差別化」

第3ステップで大事なのが「差別化」です。顧客の基準を踏まえたうえで、自社が持つ強みもアピールして他社との差別化を図ります。この時点で顧客との信頼構築ができているからこそ、意味がある差別化になるのです。実際にはフレーミングの手法と、差別化の手法を相互に行ったり来たりしながら、顧客に住宅を紹介していきます。また顧客との信頼構築の段階で、顧客の条件を聞いて、大きな基準になりそうなポイントがあれば、一緒にフレーミングもしていきます。用意したシナリオをなぞっていくのではなく、段階を意識しながら会話をしていくのです。

まとめると、まずは顧客とセールスであることを忘れて、人と人のコミュニケーションをとる。そのうえで、顧客の考えに寄り添い、プロとしての知識を活かして顧客との信頼関係を構築する。顧客が住宅を決めやすくなる基準を設定する。これらすべてのプロセスを用意できれば、どのような顧客に対しても理想のセールスになることができます。

そしてセールスはエンターテインメントであることも忘れてはいけません。顧客とのコミュニケーションを楽しむ場であり、顧客を楽しませるという感覚を持つべきです。顧客を楽しませるという前提条件を考えれば、自社の自慢話やメリットばかりを話すことは選択肢に挙がることはありません。そして、他社を批判して自社の自慢話ばかりすることは適していないことが理解できるはずです。顧客の良き相談相手として、プロとしての身の振り方を考えて、セールスをおこなうべきなのです。

これを理解できていないNGなセールスの例で多いのが、すぐに自社の情報を話し始めてしまう、いわゆる「差別化」から始めるというものです。顧客との信頼関係が構築できていない状態では、何を言っても意味がありません。まずは顧客に興味を持ち、顧客が興味のある話題を主題におきながらコミュニケーションをとっていきます。アンケートを見ながら、顧客の生活スタイルなどにも触れて、まずは雑談を楽しむのです。対面でも電話でもまずはコミュニケーションをとることを大切にすべきです。

時には不都合な情報も提示する

セールスの仕事は、顧客にとって本当に良い物件を紹介することです。しかし、理想的な物件がすぐに見つかればよいのですが、必ずしも都合良くいくとは限りません。現実的には、手持ちの物件のなかから顧客に選んでもらわなければなりません。そのためには、物件の案内方法をしっかりと考える必要があります。

最大のポイントは、不都合な事実も時には伝えるということです。

例えば、顧客が「利便性が高く、広くて静かな家」を求めていたとします。そのようなときは、無責任に期待を持たせるのではなく、用途地域や路線価などによってエリア別の価格差が分かる住宅地図などを見せて、利便性の高い場所は総じて坪単価が高いという現実を理解してもらいます。坪単価が高くなると、当然家の総額も高くなります。土地の総額は坪単価×面積（坪）で計算されるからです。

顧客が理想の予算額を持っている場合、坪単価が高くなるならば、予算内に収めるためには広い面積を実現するのは難しいことが予想され、面積で妥協せざるを得ません。また、利便性の良い場所は、しばしば繁華性の高いエリアでもあります。

これらを考慮すると、利便性が高く、静かな場所という条件を満たすのは難しいことが分かります。本当に広い家が欲しいのであれば、利便性を譲歩しなければならないし、利便性を優先したいのなら、多少狭くても妥協しなければなりません。

このように、最初に挙げられた条件のうち、最も優先したい条件は何か、譲れる部分はないかを顧客と一緒に調整していくことが大切なのです。

分譲セールスに求められるのは分譲セールスリテラシー

住宅選びの基準の優先順位が決まったら、住宅の概要を見せながら、その概要の背景やロケーション、理由などを説明できるように、情報収集することが必要です。

例えば、「ハザードマップ上で災害が想定される地域に該当しない場所で、駅から近く、価格はなるべく抑えたい」という条件で家探しをしている顧客がいるとします。災害等の被害が予想される危険地域は当然避けて紹介しますが、100%安全なエリアというのはめったにありません。あったとしても、そういう場所は地価が高いのが業界の常識です。そのため、土地の地歴を説明しながら、どのエリアが災害の影響を受けやすいのか、そして価格の高騰や下落にどのように影響するかという現実的な情報を伝えていく必要があります。

このような情報をもとに、顧客の望む住宅の候補が絞れてきたら、その場所の災害履歴なども調べておくと、顧客にとって住宅を選び切るための材料になります。顧客それぞれの条件に寄り添って、時には不都合な情報も提示することが大切です。それは顧客を教え導きながら寄り添ってセールスをおこなうことであり、顧客それぞれの価値観に合わせて、分譲地が持つ固有の価値を語ることにもなるため、分譲地のPRにもつながるのです。

顧客の予算や希望を正確に把握する

したがって、物件を適当に紹介して、顧客があわよくば住宅を買ってくれるのではと考えるべきではありません。顧客の年収や、現実的に可能な月々の返済額の予算などを聞いたうえで、そこに合致しない物件は、自社がどれだけ売りたいと思っていたとしても、紹介すべきではないのです。

言い換えれば、住宅セールスの際には、顧客の予算を正しく算出することが売れるセールスのスタートラインであるともいえます。その際、顧客自身が書いたアンケートの情報だけをうのみにしてはいけません。顧客は、少しでも安く買いたいからと低めに言うかもしれませんし、虚栄心から高めに伝えるかもしれません。

また、自分たちの予算を正確に計算できていないケースが少なくありません。面と向かって、実際の年収、借金の有無、借入可能額、金利を踏まえた月々のローン返済額など、予算面の情報をきちんと明らかにした状態で住宅探しを進めるべきです。そのためには、セールスは顧客の経済面の情報をできるだけ早期に、細かく把握するスキルが求められるのです。

例えば、4000万円くらいの家が欲しいと希望する顧客に、好条件な物件だと5000万円や6000万円の住宅をすすめるようなセールスは完全にNGです。そのような不誠実な対応は避けなければなりません。

今はSNSで情報が拡散される時代です。セールスの口車に乗せられて、無理な金額の住宅を購入したら、とても後悔しているなどのクレームを住宅情報の口コミサイトなどに投稿されれば、「この企業は顧客に優しくない不当な企業だ」と、企業の信頼は地に落ちてしまいます。そうしたダメージを受けないためには、担当者に求められるのは分譲セールスのスキルのみならず、倫理観をも含めた「分譲セールスリテラシー」なのです。

顧客の予算や希望を正確に把握し、それに合致する物件を誠実に提案することが、住宅セールスにおいて最も重要な姿勢だといえます。顧客の人生設計に寄り添い、無理のない範囲で最適な住宅を見つけ出すことこそ、セールスに求められる役割なのです。そうすることで、顧客との信頼関係を築き、長期的な顧客満足度の向上につなげることができます。企業の評判を守り、持続的な成長を実現するためにも、セールスには高いリテラシーと倫理観が不可欠なのです。

家探しには一定の道筋がある

顧客が家探しをおこなう際、まずはモデルハウスに足を運んだり、WEBサイト上で気になる住宅を探したりします。その後、住宅会社へ赴き、内見を開始します。このとき、売れないセールスは、顧客の家探しの条件を整理もせずに、予算も無視して、多くの住宅を見せてしまいます。顧客は、自分の予算にそぐわない良い住宅を多数見せられたことで、目が肥えてしまいます。そして、妥協ができず、いつまでも住宅を買うことができなくなってしまうのです。

家探しには一定の道筋があり、それを顧客に教えるところから始めなければなりません。まず、顧客の年収からローンを組むことが可能な限度額を算出し、そのうえで顧客の月々のローン返済額の目安を算出します。

また、家探しの条件を整理し、その条件を満たし、予算をクリアした住宅が見つかったときが「買い時」であると説明しておきます。適正予算や住宅の買い時を示したうえで、条件をクリアできそうなエリアを絞り、そのなかで家探しを進めていきます。予算と条件、エリアまでを整理して家探しを始めれば、いざというときに迷わずに成約まで進めることができるのです。

会社側が売りたい、推したいと思っている物件ばかりを顧客に見せて、比較検討をさせないという囲い込み方は、顧客のためのセールスとはいえません。まずは、顧客の家探しの条件をセールスが一緒に整理することが大切です。そのうえで住宅探しを進め、振り返りをしながら、顧客に寄り添って住宅探しをおこなうのが王道のセールスの姿です。

比較検討している顧客の立場に立つ

分譲住宅の場合、初回の接客ですぐ購入に至るということはほとんどありません。即決することもあるという印象を持つかもしれませんが、即決したように見える顧客は水面下で多くの比較検討を済ませているのです。

顧客の立場で考えてみれば、一生に一度の高額な買い物をたった一回で決められるわけがありません。だからこそ、1回目は条件や予算の整理、顧客に住宅に関する知識をつけてもらうことに注力し、ある程度知識をつけてもらってから2回目、3回目で住宅を紹介するくらいの進め方で良いのです。また、1回目でじっくり顧客と話し合うことによって、セールスとの間に信頼関係も生まれます。この信頼関係を基盤にできるからこそ、スムーズな家探しが実現するのです。

顧客が他の住宅会社で複数の物件を内見しすぎて、住宅を決めきれず「買えないルート」に迷い込みそうになっていたら、セールスが軌道修正してあげる必要があります。正しい住宅購入までの道筋を示しながら、次の約束を取り付けて、きちんと住宅を決め切ることができるルートへ戻してあげます。顧客に予算以上の物件をあちらこちらと見せすぎてしまうと、少しでもランクが低い物件を見たときに驚きがなくなり、テンションが上がらなくなってしまいます。テンションが上がらなくなるということは、顧客自身の所有欲を刺激できないということになります。

良い物件には所有欲が湧くものです。しかし、あまりにも多く見すぎると食傷状態になってしまいます。今までより良い物件、良い立地を求めてしまうのです。かといって良い物件は予算オーバーで手が出ません。そんな状態の顧客が、予算内に収まる住宅を妥協して買ったとしても、すてきな購買体験にはなりません。

また、予算オーバーの物件を無理やり顧客に買わせても、ローン返済の段階で顧客の首を絞めることにつながり、最終的に企業への印象は劣悪になります。どちらに転んでもプラスにはなりません。そうならないよう、一定の筋道で物件を案内し、気持ちよく購入してもらうことが肝心なのです。セールスには、顧客の立場に立ち、適切な住宅選びをサポートする役割が求められているのです。

買ってもらうというより、「買わせて差し上げる」

物件探しをする顧客の多くは夫婦であり、決断者は通常ひとりではありません。双方が納得しなければ物件購入は決まりません。一般的に家主である夫を中心に話をしがちですが、住宅購入の決裁権は妻のほうが握っている場合が多いのです。そのため、物件の提案については両者のパワーバランスを見極めつつ、慎重におこなわなければなりません。

夫婦の顧客が来店したら、まず夫婦双方の要望を聞きます。これは自由に出してもらって構いません。そのうえで、二人が共通して挙げた条件を3つに絞ります。その3つを満たせばオーケーという基準を先に決めて、合意を取っておきます。そうした好条件はめったになく、すぐに他の客に取られてしまうことも念押ししておきます。この3つの条件がそろう家があれば、すぐ決めるくらいの覚悟が必要だと伝えるのです。

しかし、その3つの条件が本当に求めている条件とは限りません。例えば、「家の周りに何もなくて、空が見える家がいい」という条件を出したとします。実際にそうした物件を見せると、道が狭い、坂道がある、雑草が多いなどといった不満が見えるものです。それは当然で、「家の周りに何もなくて、空が見える家」というのは、そう簡単にはありません。あったとしても、崖がせまる丘の上や、周りが雑木林のような辺鄙《へんぴ》な場所です。最初に挙げた条件は満たしているけれど、そこで暮らすには不便な物件もあるのです。

実際に物件を見せると、できれば道は広めがいい、坂道は嫌など新たな条件が出てきます。そうして少しずつ顧客自身が自覚していなかった条件を明らかにしていきます。

そこで大事なのは、住宅を一つ見せたら、最初の条件と比較をして、一緒に振り返りをすることです。顧客自身、周りに何もない家が第一条件だと思い込んでいたけれど、実は道が広いほうがいい、日当たりが欲しいなど、別の条件が出てくるものです。実際に物件を見ることで、想像ではなくリアルで自分の住みたい家をイメージしてもらうのです。そして、ある程度物件を見たら、また条件を整理して、話し合うことを繰り返していきます。

そうした条件を可視化する方法として有効なのが、大きな紙に条件を書いた付箋を一枚ずつ貼り、顧客と一緒に眺めるということです。これにより、俯瞰《ふかん》的に条件を見ることができるようになります。これをもとに話し合いをおこない、条件選定の質を上げていくのです。

いざ契約をするというときも、決して急ぎすぎてはなりません。セールスが顧客に家を売りたいから売るのではなく、顧客がその家を買いたいから買うという図式を崩してはいけません。

また、セールスは、買ってもらうというより「買わせて差し上げる」という意識を持つことが大事です。

分譲住宅というのは、住宅会社が開発して売るものです。本来住宅会社の持ち物であり商品で、それを顧客に譲るのです。そのモチベーションは、顧客が住宅購入を通して幸せになってほしいからです。従って、顧客にこの家を買ってくださいとお願いするのではなく、この家を買ったら幸せになるという確信を持って売るべきなのです。もちろん、高圧的に買わせてやるという態度は論外です。しかし、買ってくださいとへりくだりすぎるのも問題です。あくまでも自社の自慢の商品を買わせて差し上げるという意識が大切なのです。セールスには、顧客の幸せを第一に考え、誠実に物件を提案する姿勢が求められているのです。

「その1区画」を気に入ってもらうセールス力

分譲住宅のセールスにおける大きな問題のひとつに、分譲地にはそれぞれ人気・不人気があるうえ、さらには売りやすい区画と売れにくい区画があるということがあります。

特に大きな分譲地の場合、区画形成やロケーションに差異が出てくるため、人気の差が生じるのは仕方のないことですが、そのような状況を放置して、分譲地全体を漫然と売りに出してしまうと、売れにくい場所はいつまでも売れ残ってしまいます。そして、早期売却のためにしつこく広告を掲出したり、住宅の値下げ販売をしたりすることで、販促費がかさみ、利益も落ちていくという悪循環に陥ってしまいます。

人気の分譲地だけが早々と売れ、一部が売れ残り続けるといった歯抜け状態の分譲地を作らないためにも、分譲地の区画ごとの売り出し方を工夫する必要があります。一斉に販売を開始するのではなく、分譲地内の売れやすい区画と売れにくい区画を見極め、両者を巧みに混ぜ合わせながら、段階的に販売していくことが重要です。また、「その1区画」を気に入ってもらえるようなクリエイティブやコピーの工夫、メリットとデメリットの整理も欠かせません。

このように分譲地の見せ方を工夫することは非常に重要なポイントです。例えば、1つの分譲地の中で1区画だけが売れ残っていたとします。そのような状況では、残り物であるという印象を顧客に与えてしまうことは容易に想像できます。しかしここで、「ラストチャンス！　あと1区画！」などとあおる文句は逆効果です。焦っているのではないかと、むしろネガティブな印象を与えてしまいます。こういうときこそ引き算のセールスの出番です。１区画だけ売れ残っているという事実は変わらなくても、そう見せない印象を与えることは可能なのです。

例えば広告をあえて下げるという手法です。売れないからといって、ずっと広告を出して値下げを続けていては、むしろ顧客にその区画に対する魅力を感じてもらうことは難しく、いつまでも売れないままということを強く印象づけてしまうからです。

どうしても売れない物件は、情報を掲出先から一旦取り下げ、能力の高いセールスに隠し玉として持たせるのが効果的です。そして、「実はすごく人気な分譲地で、もうほとんど売れてしまったのですが、今回特別に一つだけご案内します」と顧客に提案するのです。こうすることで、売れ残りではなく、とっておきの物件という印象を与えることができます。そのほうが顧客にとって魅力的に感じられるはずです。

どんどん値下げして、広告を出し続けることは、物件の価値、すなわち顧客がお金を支払いたいと感じる価値（ＷＴＰ）を下げてしまうのです。物件をリサーチしている顧客にとって、いつ見てもあるような物件は、残り物でしかないのです。

つまり、売れない区画であっても、やり方次第で売れる区画にすることができます。それは、顧客がその物件に価値を感じるような売り方をすることが鍵となります。顧客に寄り添い、住宅選びの価値観を共有したうえで、買いたくなるような伝え方をすれば、どのような区画であっても売り切ることは可能です。セールスの役割は、単に物件を売るだけでなく、顧客の心をつかみ、物件の魅力を最大限に引き出すことにあるのだといえます。

広告代理店の言いなりになる弊害

分譲地を売りに出す際、広告代理店にクリエイティブのデザインやコピーライティングを依頼することがありますが、広告代理店の言いなりにならないように、自社でも確固たる考えや意見を持っておかなければなりません。確かに、広告代理店はデザインやコピーライティングのプロ集団ですから、ある程度のクオリティのものが期待できます。だからといって、細かなチェックもせずに広告代理店の案をうのみにしてしまうのは危険です。なぜなら、その分譲地のコンセプトを作り上げ、真に理解しているのは、住宅会社自身だからです。

広告代理店が提出してきたデザインやコピー案が、本当にコンセプトを反映しているのかを厳しい目でチェックできるのは、その分譲地を販売する住宅会社だけなのです。広告代理店は、その分譲地が売れ残っても責任は取ってくれません。しかし、広告の本来の目的は、その商品が売れることです。本当に誠意のある広告代理店なら、どうすれば売れるかを真剣に考えてくれます。そのような代理店を見つける必要があります。

もちろん、分譲地の販促物のクリエイティブやキャッチコピーは、顧客のWTPを引き上げる非常に重要な要素です。分譲地のコンセプトを作り上げた住宅会社が責任を持って広告代理店の手綱を握り、コンセプトが適切に反映されたクリエイティブにする必要があります。雰囲気の良さやかっこよさに惑わされずに、一つひとつの要素のバランスやコピーに使用されている言葉の選択など細部までチェックし、求めているクオリティに達していなければ、しっかりと意見を述べるべきです。

そのためにも、社内にブランディング広報かクリエイティブディレクターをおくことが重要です。コンセプトとの合致具合だけでなく、その住宅の差別化ポイントや訴求対象なども含めて、広告代理店とやりとりできる人材が必要です。

分譲住宅会社はこれまで広告のクリエイティブをおろそかにしてきた傾向があります

が、住宅や分譲地、販促物のデザインの一つひとつが顧客にとって住宅を見極める重要なポイントになるのです。そのことを理解し、クリエイティブをきちんと仕切ることができる人材の必要性を認識しなければなりません。住宅会社が広告代理店と対等に渡り合い、最適なクリエイティブを生み出すことができれば、分譲地の価値を最大限に引き出し、販売促進につなげることができるのです。

売れ残り在庫を眠らせない

分譲住宅を販売するようになった注文住宅の会社によく相談されるのが、「住宅の売れ残りがあるために、新規分譲住宅の開発に着手できない」という悩みです。これは会社自体が負のサイクルに入ろうとしている証拠です。分譲会社でうまくいっている会社は、BS経営といって、資産を速く回転させることを重視して経営しています。資産を速く回転させるということは、いつまでも売れ残らないような対策をとるということだからです。

例えば、自社での販売は諦めて、業者に販売を委託したり、大幅な値下げをしたりして、どうにかして売り切ろうとします。ところが注文住宅をメインでやってきた会社は、どうしても区画ごとの粗利を重視しすぎてしまう傾向にあり、分譲住宅会社が持つ独特のスピード感がありません。値引きをせずにいつまでも売れないと嘆き続けるのは、会社にとって損失でしかないのです。売れるものはどのような値段になろうと売り切る意識を分譲住宅会社は持つべきです。

注文住宅は会社のKPI（重要業績評価指標）として、棟数と粗利の率が重視されていますが、分譲住宅の場合は、そこに「時間」という軸が入ってきます。分譲住宅の場合、高く売るだけではなく、早く売ることが絶対条件なのです。

分譲住宅の販売は、製造小売業とほとんど同じスタイルです。商品の企画を立てて、販売し、その売上や顧客の反応を見て、次の商品を企画して製造する。商品開発のPDCAサイクルを回しながら、既存商品が長く売れ残らないような施策を講じる。自社ブランドのアパレル商品を製造・販売する小売業であるSPA（製造小売業）業態と同じようなイメージです。

SPA業態は業界の分析や顧客ニーズの分析が欠かせません。アパレル業界は、消費者ニーズに迅速に対応できるビジネスモデルを作り上げたことで、進化を遂げました。分譲住宅業界もSPA業態を参考に、顧客ニーズやトレンドのキャッチ、売れ残りを作らないための施策を講じるべきです。

アパレル業界では、マーチャンダイザー（ＭＤ）と呼ばれる職種の人が、商品開発、販売計画や予算管理をおこなっています。陳列の見せ方、売れ残りの見せ方などもすべて工夫されています。その点、分譲住宅はすべての商品をなんとなく見せてしまっている状態です。あわよくば顧客が気に入ってくれて、そのうち買ってくれるはずだという意識があるのです。

分譲住宅には、アパレルほどの季節による影響などはありませんが、少なくとも人気の分譲地とそうでない分譲地はあるはずです。大規模分譲地の区画も同様です。人気の角地などはあえて非分譲にしておいて、あとから情報を露出するというような見せ方を工夫することが必要です。

また、新規分譲地はあえてＷＥＢサイトに情報を載せずに、来店した顧客にだけ案内するというのも一つの方法です。売れ残りをむやみに作らないためにも、住宅の見せ方一つひとつに徹底的に考え抜く必要があるのです。

集団心理を利用した販売説明会

在庫を売り切るために、私の会社ではコンセプト発表会や販売説明会イベントをおこなうことを推奨しています。これは住宅の販売開始前の概要説明ではなく、住宅販売の最終段階で、クロージングに向けた説明会としておこないます。つまり、購入を前提とした住宅取得チャンスの場にエントリーするための重要な説明会なのです。

分譲地が販売開始となったタイミングで、セールスは、その分譲地のペルソナに該当する顧客に向けてアプローチをします。さまざまな点に留意しながら顧客と面談をし、コミュニケーションを大切にするようにします。説明会へのエントリーシートに記入してもらいながら失敗しない分譲地の購入の仕方などを伝え、顧客との信頼構築を図ります。電話でアポイントメントを取る場合は、シナリオを書き出して手元に置き、できるだけ直接会いに行くためのトークを展開することが肝要です。イベントについては、これまでの参加率や満足度の高さをアピールし、楽しさが伝わるようにします。

また、希少性も強調することを忘れてはいけません。顧客の希望に共感しつつ、顧客と似た事例も交えながら話を進めていきます。そして、エントリーの期限が刻々と迫ってい

エントリーシート回収 歩留向上 10か条

1 電話をする際は、シナリオを事前に書き出し、手元に置いて落ち着いて話す！

2 電話の際は、会いに行くためのアポ取りを優先する
（アポが取れるのに、電話だけで話し込もうとしない。基本は、直接会いに行く！）

3 イベントについて話す際には、楽しさが伝わるように！
（楽しいですよ～と伝わる雰囲気の言い方で。自信のなさも伝わるので注意）

4 過去イベントの参加率の高さ、満足度の高さを伝える。
（同様の実施企業の例として）

5 直近のイベントの盛況感をリアルに伝える

6 イベントの希少性を伝える！
（構造をご覧いただくために、2F の工事を途中で止めている…など）

7 お客様のわがままに 100% 共感すること！　…共感して受け止め、理由の本質を探る
（「安い区画はないの？」→「家を買うなら価格は少しでも低いほうがいいですよね！（共感）」）

8 お客様に似通った事例を話してあげる
（○○様と同様に、お子様が小さいので参加が難しいとおっしゃっていた人は…）
（このエリアでこのようなイベントをすることはない可能性が高い）

9 価格など、興味を持っていることがいかに視野が狭いか、巧みな回答で自ら気づいていただく

10 エントリーは刻々と埋まる！　のんびりしてられない‼　というリアルタイムさを伝える

ることも伝えることが大切です。エントリーシートを回収するまでに、顧客との信頼構築ができるかどうかが、最初の重要なポイントとなります。

アンケート内容から、顧客の住宅購入に向けた予算が把握できるため、その予算が分譲地に合致していた場合、コンセプト発表会や販売説明会、イベント会への案内をおこないます。ここで大切なのは、申し込めば説明会に必ず参加できるわけではないという点です。アンケートを回収する時点で、顧客には「会社から承認を得られた場合だけ参加できる」と説明しておく必要があります。事前に定めたエントリー条件をクリアし、実際に会社から承認された場合は、「おめでとうございます！　承認されました！」と大きくアピールしながら伝えることで特別感を醸成し、テンションを高めていきます。それにより、顧客の自己実現欲と所有欲を刺激することができるのです。

また、説明会をイベント形式でおこなうことにも大きな意味があります。説明会には、同じ分譲住宅を欲しいと思っている顧客が集まるため、顧客にとっては分譲地内の各区画の人気具合と競争率を実感する場となります。多くの人が欲しいと感じている分譲地であれば、より欲しくなり、うかうかしていたら他の人に取られてしまうかもしれないという危機感が自然に醸成されていきます。顧客に競争心が芽生えることは、所有欲を刺激するうえで重要なポイントとなります。

さらに、販売説明会では、実際にモデルハウスの見学にも案内します。モデルハウスに掲出するPOPなどは、分譲地のコンセプトやイメージに合わせてデザインし、内部の家具や小物も、その住宅での生活を想像できるようにリアルな配置を心がけます。販売説明会で分譲地の人気具合や競争率を実感してもらい、そのうえで実際の住宅の魅力を十分に伝えることで、さまざまな角度から顧客の所有欲を刺激していくことができるのです。

分譲区画図の「済」マークはかえって逆効果

一般的な分譲会社がおこなっている、「区画ごとに売れたら済マークを付ける」という行為は効果的ではありません。売れた区画に対して済マークをつけていれば、人気がある分譲地であると思ってもらえると考えている会社が多いのですが、その済マークを見てどう考えるかは顧客次第です。逆に売れ残りが多い分譲地であると判断されてしまう場合もあるのです。

例えば、10区画中3区画売れていたとしても、販売からすぐの時期であれば人気がある

集団心理の考察

①	A：他にも来店客がいる／B：自分しか来店していない	盛況感
②	買いたい人がたくさんいる事実を… A：知っている／B：知らない	買い気配
③	A：今買わなければ他の人に取られる／B：いつでも買える	競争心
④	責任者クラスの担当が… A：自分と限られた顧客のみつく／B：すべての顧客につく	妬み
⑤	A：今、買えば○○がついてくる／B：今買っても何もつかない	優越感

ように見えますが、販売から1カ月経っていたら、売れ残りが多いととられてしまう可能性があります。10区画中、9区画に済マークがついた状態が、2カ月も続いていたとしたら、セールスが「ここはとても人気な分譲地なんです」と説明しても、顧客は残り1区画に対して売れ残りという印象を持ちます。

顧客がこのような印象を持っている状態でセールスをおこなっても、顧客からは「売れ残りを押し付けられている」としか思えないのです。時期にかかわらず、ただ済マークをつけて見せておくことは、顧客にどう受け取られるかというリスクを考慮できていない証拠です。ただ済マークをつけて載せておくことには、メリットがないと認識することが重要です。

分譲マンションの場合は、どれくらい住宅が売れているかという情報は、少なくとも分譲中においては隠している場合が多いです。第1期、第2期に分けて販売し、第1期の売れ行きをみて、第2期の価格を変更することもあるからです。

ところが現在の分譲住宅業界では、住宅が売れたタイミングで、特に意図がなく「この住宅が売れました」とだけ伝えている状況です。正直に販売するという意味では悪いことではありませんが、ただ済マークをつけるだけでは、顧客心理を動かすことができず、顧客の住宅選びの機会損失を招いているのが実情です。販売説明会などで、適宜済マークをつけていくことは、顧客の購買意欲を正しく高めることができますが、誰でも見られるWEBサイトなどでオープンに販売状況を掲載することは得策ではありません。

売れ残りを作らないための工夫

分譲住宅業界では、分譲地の区画すべてを一気に売り出すことが一般的になっていますが、基本的には分譲マンションと同じように、第1期と第2期で分けて販売することを常識にすべきです。工期によるデベロッパー都合の期分けではなく、集客数によってそのとき販売する区画数を決めるのです。

例えばある分譲地の成約率が4割だとします。その成約率で20区画を一気に売り切るためには、50組の集客が必要な計算になります。成約率4割というのはかなり高めの数字なため、もっと成約率が低い場合は、さらに集客組数を増やす必要があります。そしてこれは説明会方式を採用した場合の数字です。説明会方式を採用せずに、普通のセールスをおこなう場合はさらに成約率が下がり、約15％になる場合が多いです。

成約率が低いということは、それだけ集客しなければ売り切ることはできないのです。集客数という需要に合わせて、供給する区画数をコントロールして販売することが必要不可欠なのです。

住宅を売り切るためには、まず集客を増やすことが大切で、集客を増やすためには、今まで振り向いてくれなかった顧客も振り向いてくれるような魅力的な分譲地を作り上げることが重要です。魅力ある分譲地を作り上げることで、その住宅に住みたいと感じる顧客

分譲販売で売れ残りが発生するメカニズム

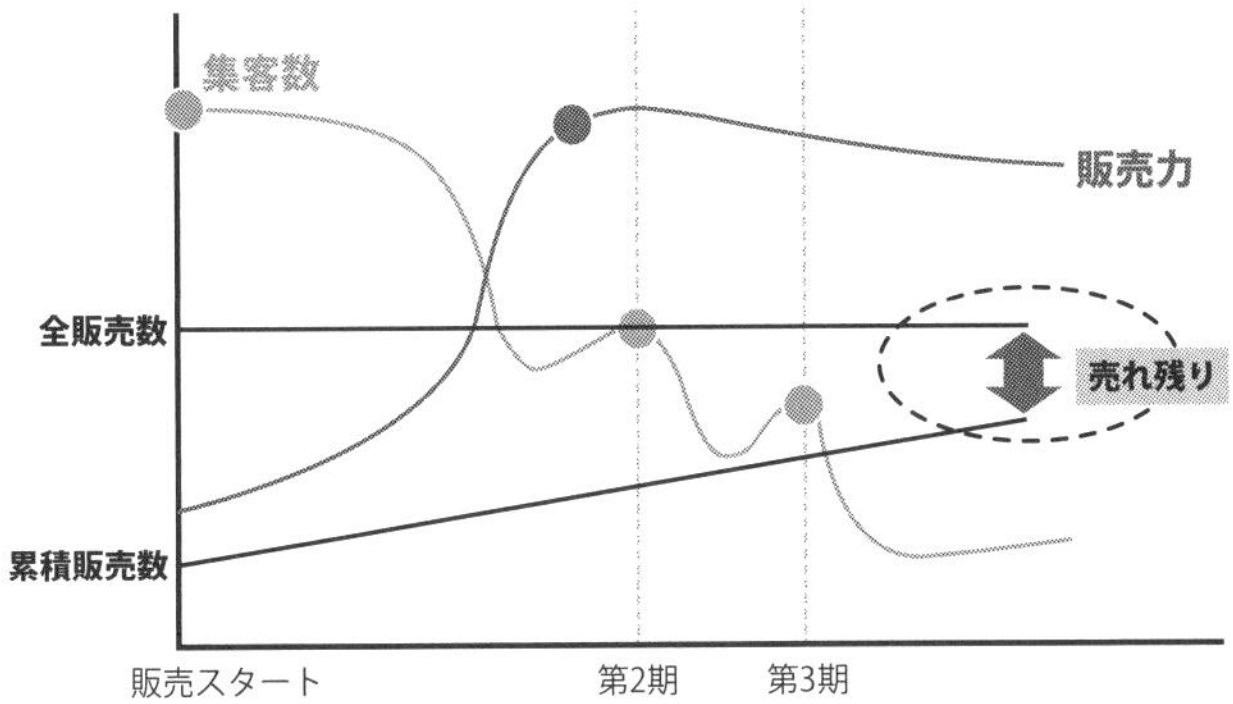

集客ピークと販売ピークが合っていない

の母数を増やすことができるのです。

すべては売れ残りを作らないための工夫です。安易に売れ残りを作ってしまうと、会社は負のサイクルに突入します。いつまでも売れない住宅に予算を使い続けることになり、新しい分譲地の開発に手間とコストをかけることができないからです。

最も集客力がある タイミングを見極める

売れ残りを作らないためにも、顧客の需要が高いタイミングで最大の販売力で売り出すことが大切です。現在の分譲住宅セールスは、販売力が弱いタイミングで集客がピークに来てしまっているのです。これを避けるために、コンセプト発表会や販売説明会などで顧客の気持ちを高めながら販売する必要があります。まずは良質な住宅を作り、その住宅の価値が伝わるようなマーケティングを心がけ、その住宅を求める顧客に寄り添ってセールスをおこないます。

分譲地にいちばん顧客が集まるのは情報公開のときであり、いちばん集客力がある時期といえます。それなのに、今の分譲住宅セールスは、いちばん集客がある時期に販促にコストと時間をかけずに、売れ残り始めたら販促のギアを入れるというスタイルになっています。いちばん集客力の高い時期に販促に力を入れないのはとてももったいないということを自覚しなければなりません。顧客の欲しいという気持ちが高まっているタイミングをしっかりと狙って、販促に力を入れるべきです。

理想的には、販売スタートの瞬間から、最大の販売力で住宅を売っていくことが求められます。物件ごとのブランディングに合わせてクリエイティブやコピーをネットなどに掲出し、販売説明会などをおこなうのもその一環となります。特に販売説明会は、同じような住宅を欲しいと考えている顧客が集まる場であり、お互いが住宅を買おうとしている気配を感じることができる環境を作り出すことで、顧客同士の競争心が自然に芽生えるのです。盛況感や、周りが住宅を買おうとしているそこはかとない気配、競争心、今買ったら特典がついてくるなどといった優越感を、販売説明会で顧客に感じてもらうことによって、高い成約率につなげていくことが可能となります。

主導権を顧客に持ってもらうようプロデュースする

一つの分譲地においてそこまで大がかりなイベントを実施するのは、労力もコストもかかると思う人もいるはずです。しかし、一回の大きなイベントをおこなって、その場で一度に成約したほうが長期的にはコストパフォーマンスが良いのです。分譲地で完売をするために、だらだらと時間をかけるのではなく、一気に売るほうが企業にとっては大きな利益になります。

こういった戦略的な販売をおこなうと、顧客から警戒心を持たれるのではないかと気にするセールスもいます。顧客に「うまい話すぎてセールスを信じることができない」「セールスに誘導されているのでは」と感じさせないためには、きちんと顧客自身に自己決定感を持ってもらうことが大切です。あくまで主導権は顧客にあり、セールスは強制せず、大切な顧客にすてきな住宅に住んでもらいたいからセールスをしていると思ってもらわなければなりません。

例えば、販売説明会では、「この区画がおすすめです」とセールスから積極的な案内はせず、あくまでも顧客の予算や住宅の条件を聞いたうえで、予算と条件に合致する区画を紹介するだけにとどめます。複数の選択肢を準備しておいて、顧客に選んでもらうのです。自分で選んだという実感があれば、顧客はセールスに押し売りされたという感覚は持ちません。

さらに、顧客が区画を選んだら「確認してきます」と言い残して事務所に引き下がり、他の入札者がいないかを確認したあとに「ほかのお客さんは札入れをしませんでした」と一言告げることも、顧客の所有欲を刺激するテクニックとなります。

こうした手法は、高級ブランドや高級自動車のセールスでもよく使用されており、例えば、結婚式の会場を決める場合も、ウェディングプランナーはこの手法をよく取ります。顧客はすぐに手に入る商品やサービスよりも、ちょっと手が届きにくいほうが、より手に入れたいという感覚になるものです。その商品を手に入れるために、セールスも汗をかき、顧客の味方であるという認識を持ってもらうことが理想であり、優秀な人間が自分のために動いてくれているということが優越感にもつながります。

重要なのは、セールスが大切なパートナーであることを顧客に認識してもらうことです。セールスは顧客との勝負ではありません。セールスの仕事は、住宅を購入したいと思っている顧客を、希望の住宅へといざなうことなのです。顧客に心理的距離をおかれてしまったら元も子もありません。誠心誠意寄り添う必要があります。

とはいえ、良い住宅は早い者勝ちです。特に販売説明会の場合、成約するまでの時間は限られています。時間との戦いであることも顧客に伝えつつ、住宅を購入するという目的に前向きに進むよう促す必要があるでしょう。

そして何よりも、顧客とセールスの間でしっかりと予算を握っておくことが重要です。月々の支払い希望額を確認するほか、ボーナス支払い額からローンを捻出するかどうかを確認したうえで、借入額を算出し、さらに自己資金も踏まえて総額の予算を算出します。この予算を上回る区画は、検討対象から外すよう促します。無理をさせてはいけません。セールスは顧客の幸せを第一に考えるべきなのです。

このように販売説明会は、集客数が少ない状況を劇的に改善するインパクトがあります。一方で、運営の仕方がよくないと、じらしやあおりと思われ顧客が離れていくリスクがあります。顧客起点で企画を考えられるプロデューサーの監修のもとにおこなうようにしてください。

購入希望時期を「2年以内」から「3カ月以内」へ

住宅の購入を検討しはじめたばかりの顧客に出会うと、他社に横取りされる前に物件紹介ができるので有利に感じるセールスがいます。しかし実は、他社からセールスを受けている顧客のほうが、クロージングが容易です。

というのも多くの顧客は、複数の物件を比較検討して決めるからです。意識するか否かは別にして、顧客はさまざまな物件を比較検討しながら、エリアごとの物件数や相場感を学習し自分なりの購買方針を立てるのです。

購入を検討しはじめたばかりの顧客は、購入意思決定をするための基準がありません。

セールス担当は顧客に対して、納得できる物件選びの方法を教育していく必要があります。例えば、初回面談時のアンケートの希望時期欄に「2年以内」にチェックする人に対してです。すぐにでも契約がとりたいセールスにとって、2年は長く絶望を意味します。

しかし実際は、特に急いでいないというだけで、深く考えもせずに2年以内の欄にチェックする人は多いものです。そのような人に対しては、「2年以内とございますが何か特別な理由はありますか？」と軽く話題を振りながら、「大切なマイホームなので、じっくり検討されたいですよね」と話を展開していきます。

大切なことは、いたずらに時間が過ぎてしまうのでは誰も幸せにならないこと、また、失敗しない家探しの仕方を進め、納得のマイホームが見つかるのであれば早いに越したことはないということに対しての合意を図ります。

賃貸住宅で暮らしている人に対しては毎月発生し続ける家賃の話をし、ローンを利用する人には金利動向などの話をしながら、住宅購入時期を延ばすことによるデメリットも理解してもらいます。そのうえで、「条件付き早期購入ＯＫ」という合意ができれば、あとは納得してもらえる家を探していくのみです。

なお、合意形成にあたっては、業者向けに作成されている「用途地域マップ」や自治体の都市計画課が発行している「都市計画マスタープラン」を商談テーブルに広げ、土地の成り立ちや、将来の計画、都市計画の構造などをレクチャーします。

その際に注意しなければならないのは、「顧客は住宅の素人でリテラシーがない」という思いこみが住宅セールスを難しくするということです。プロならではの視点を顧客と共有しながら、失敗しないマイホームをどうすれば獲得できるかを一緒に考えていきます。

そうすることで、最初は「2年以内」と回答していた顧客が「3カ月以内」へと前倒しを希望することも珍しくありません。

販売会でのセールスの心得

ゴールである「当日の申込み」を獲得するために下記の項目を意識することが重要

① 立ち位置について

お客様が希望号地を購入できるように誘（いざな）うパートナーとしての役割です。営業は、勝ち負けではありません（本質）。お客様の味方なのに、お客様との心理的距離を感じたら異常事態であると認識してください。「営業マン」から、「パートナー」へ立ち位置を変える必要があります。

② 時間芸術（意外に短時間で、申込みタイムがやってくる）

個別商談時間を有意義に活用。この日に申込み・契約の意思決定ができるように時間との闘い。好感形成に時間をかけている場合ではなく、目的的に心理ステップをあがっていくこと。大切なのは「私たちはどの区画にするか⁉」という論点に話題を持っていくこと。

③ 予算感の把握（号地の絞り込みのために）

予算以内の区画に目星をつける（予算以上の区画は、検討選択肢から除く。それが、お客様のためになります）予算の計算は、①月々支払い希望額と②ボーナス支払い額から③借入額を算出。③借入額と④自己資金とを足して、総額予算が決まる。総額予算が、⑤物件価格＋⑥諸費用額を超えていることが必須。
※こちらから予算を上げることを絶対にしない！　予算を上げるかどうかを決めるのは、お客様。

④ 希望号地で競争過多とならないために

希望区画の絞り込みができたら、希望号地の検討状況を確認する。（事務局へ確認にくるか、発信されるメール・LINE を確認）できるだけ、競合がいない区 画に誘導してさしあげます。

Part 4 要約

- 売れないセールスは顧客に多くの物件を見せすぎることで「買えない顧客」を生み出す悪循環に陥る。
- 売れるセールスになるためには、顧客との信頼構築→フレーミング→差別化の3つのステップが重要。
- セールスには顧客の予算や希望条件を正しく理解し、それに合致する物件を誠実に提案するリテラシーが求められる。
- 顧客の家探しには一定の道筋があり、セールスはその予算・条件・エリアを整理しながら適切な住宅選びをサポートすべきだ。
- 分譲地の区画は一斉に販売するのではなく、人気の差を考慮して段階的に売り出すなどの工夫が必要。
- 広告代理店任せにせず、自社でクリエイティブをチェック・コントロールし、コンセプトを適切に反映させることが重要。

- 売れるものは全部売り切るスピード感を持ち、売れ残り在庫を作らないよう早期に対策を打つ。
- 集団説明会では、顧客同士の競争心や優越感を刺激し、所有欲を高めることで成約率を上げることができる。
- 売れた区画に「済」マークを付けることで、逆に売れ残りが多い分譲地であると判断されてしまうリスクがある。
- 住宅の需要が最も高まるタイミングをとらえて、戦略的に最大の販売力を発揮する。
- セールスは押し売りではなく、顧客の自己決定感を大切にしつつ、希望の住宅へと導く存在であるべきだ。
- 住宅購入までの時間をいたずらに長くすることは誰にとってもよくない。「条件付き早期購入ＯＫ」の合意を図ることが重要。

Part 5
"数撃てば当たる"という的外れな施策から脱却!

「感性×理論」に基づくマーケティングでブランド価値を最大限に高める

デザインとセールスだけでは、
分譲住宅の価値を十分に伝えることはできません。
感性と理論に基づいたマーケティングによって
ブランド価値を最大限に高めることが重要です。

住宅情報サイトに頼り続けるのには限界がある

デザインとセールスだけでは、分譲住宅の価値を顧客に適切に伝え、販売することは困難です。分譲地と住宅が持つ魅力を顧客にしっかりと伝えるためには、マーケティングへの取り組みが不可欠となります。

住宅のマーケティングと聞くと、プロモーション、つまり集客のための施策としてとらえる人が多いでしょう。また、顧客の属性による狙い撃ちはせずに全体に向けてアピールしていくマスマーケティングに取り組んでいる会社が多いのが現状です。販促物はチラシなどが中心で、WEBでの販促については後手に回ってしまっている状況もあります。チラシなどで集客したうえで、現場見学などの顧客と対面し営業をしていくという手法が、住宅業界の古来のマーケティング方法です。そして、WEBに対応できていない分、住宅情報サイトなどの他社媒体に頼っている住宅会社がほとんどです。

とはいえ、どこの住宅会社も他社の住宅情報サイトに頼り続けることには限界を感じているはずです。他社の住宅情報サイトを利用することは、複数の会社の物件との競争になりますし、掲載にはコストもかかります。大手不動産グループI社などでは、自社物件を多く掲載する住宅情報サイトを立ち上げていますが、大手住宅情報サイトには及びません。

理想は、顧客が分譲住宅自体に魅力を感じて、自社の分譲住宅のブランドサイトをクリックしてくれることです。自社サイトで直接集客できることを目指す必要があります。

現状では、「地域　新築住宅」と検索すると、住宅情報サイトがいちばん上に表示され、その後に各地域の住宅会社が表示されるような状態です。エリア内できちんとブランディングができており、認知されている会社であれば直接アクセスしてもらえることもあるかもしれませんが、ほとんどの住宅会社で実現できていないのが現実です。

WEB広告やLPを整える

WEBマーケティングというと、WEB広告やWEBサイトのLP（ランディングページ）が主なツールですが、単にホームページのデザインを洗練させたり、WEB広告のデザインを美しくしたりするだけでは不十分です。もっと根源的な、分譲住宅の価値を伝えるために必要な見せ方や、顧客心理を利用した言葉選びなどを工夫することが重要です。

良くないWEB広告やWEBサイトのLPの具体例を4つ紹介します。1つ目は、物件情報だけが掲載され、住宅のコンセプトが不明瞭なもの。2つ目は、内容が安っぽく、買い手目線に合わせていないもの。3つ目は、顧客の潜在ニーズをくすぐる内容になっていないもの。4つ目は、用途別に分類されていないものです。

例えば、ファーストビューが美しく、写真の表示方法にこだわりがあり、カテゴリー分けされて内容が見やすいWEBサイトがあります。確かにWEBサイトとしての体裁は整っているように見えますが、たとえファーストビューが美しく、説明文が読みやすくても、それだけでは「この住宅販売会社から家を買おう」という気持ちにはなりません。顧客の所有欲を簡単に刺激することは難しいのです。WEBサイトのデザインは重要ですが、さらに重要なのはそのサイトで何を魅力的に見せるかです。なぜなら、WEBサイトに列記されている内容そのものが、最初に顧客のWTPを上げるポイントになるからです。単に分譲住宅を紹介するだけでなく、その住宅のコンセプトや、コンセプトが決まった背景、コンセプトを反映したこだわりまでWEBサイトで伝えることで、意味のあるマーケティングになります。

例えば、家事を担う女性の声を取り入れて設計した生活動線や設備の性能を売りにしている住宅、あるいは学校が近くにあるという立地が売りの住宅であれば、女性と子どもがメインに映る写真を選ぶのが効果的です。また、少し高額で高級感のあることが売りの住宅であれば、欧米人や大型犬が寄り添い過ごす風景を表現したラグジュアリーな雰囲気の画像が適しています。このように、住宅のコンセプトやペルソナに合わせてビジュアルの選定をおこなうことが必要です。

プロダクトとしての価値、プレイスとしての価値、そこに住みたいと感じてもらうプロモーション

私が支援しているある住宅会社は、まず初めにその住宅のコンセプトをファーストビューとキャッチコピーでしっかり伝え、そのコンセプトを実現する住宅づくりのポイントを説明しています。物件情報や設備性能などは、ページをスクロールした最後に掲載しています。まずはコンセプトや住宅づくりの細かなこだわりを伝えて差別化し、顧客がその差別化ポイントに魅力を感じれば、住宅のＷＴＰを高めることができるのです。

ＷＥＢサイト上で住宅の価値とコンセプトを適切に伝えておくことは、顧客が住宅を選ぶ際に、土俵の中央に乗せてもらえる効果があります。住宅選びの基本的な基準は場所と

価格ですが、顧客が住宅自体に価値を感じていない場合、場所と価格だけを頼りに家選びを進め、値下げの機会があれば値下げ交渉をする顧客もでてきます。WEBサイト上でコンセプトを伝えておくことで、場所と価格以外の住宅の価値を顧客に伝えることができ、「この企業が建てた住宅だから買いたい」「このコンセプトを持つブランドの住宅だから買いたい」と思わせることができます。これが本当の意味での住宅の差別化なのです。

マーケティングは、どの業界でも共通している原理であり、顧客に商品を買ってもらうためにおこなわれます。分譲住宅の販売においては、マーケティング手法の一つであるプロモーションも含めて、住宅の価値を引き上げる要素となります。住宅そのもののデザインや設備、性能などのプロダクトとしての価値、住宅がある立地や周辺環境などのプレイスとしての価値、そして、その住宅に住んでみたい、自分のものにしたいと感じてもらうプロモーションがすべてそろうことで、顧客の購買意欲を喚起することができます。

これが真のマーケティングであり、3つの要素がそろうことで、分譲地の価値を極限まで引き出して販売することが可能になるのです。

右脳に訴えかけるキャッチコピー

マーケティングをおこなう際には、言葉の力を活用することも重要です。特にキャッチコピーには徹底的にこだわるべきです。

効果的なマーケティングができていない住宅販売会社の場合、ホームページに掲載されているキャッチコピーが自社目線になっていることがあります。しかし、会社がどのような家を建てているか、どのような経営理念を持っているかは、家を買いたいと考えている顧客にとってはそれほど重要ではありません。

むしろ、顧客がその家を買ったらどのような生活が実現できるのか、その姿を想像してもらうキャッチコピーをつけることが大切なのです。ほんの少しの言葉選びで、顧客に与える印象は大きく左右されます。顧客からの共感を誘導できるような、顧客目線のキャッチコピーを考えるべきです。

ＷＥＢサイトのデザインやキャッチコピーを考える際には、住宅のコンセプトを踏まえつつ、どの点を打ち出すべきかを検討することが重要です。その際、常に顧客目線に立ち、住宅の特徴がどのようなメリットになるのかを整理したうえで考えていく必要があります。

例えば、販売地のなかに敷地が広い区画があったとします。単に「敷地が広い」と書くだけでは伝え方が不十分であり、敷地の広さによって顧客にどのような生活が実現できるのかを、写真や言葉で具体的に表現することが大切です。「敷地が広いゆえに、のびのび暮らせる」というコピーに、子どもが原っぱや公園、街中を走り回っている写真を添えることで、敷地の広さが子育てにおけるメリットであることが感じられるようなシチュエーションを想起してもらうことができます。

同様に、「広い敷地だからこそ、車が2台停められる」という具体的な使用シーンを想起してもらうコピーや、「友達を呼んでアクティブな暮らしができる」という情緒的なコピーとともに、ホームパーティーをしている写真を添えるのも効果的でしょう。販売地の持つメリットが顧客の生活にどのような変化をもたらすのかを適切に示すことで、顧客にこの家が欲しいと思ってもらえるのです。

このような心理的に働きかけるクリエイティブなキャッチコピーを適切に使うことで、

顧客に住宅を感覚的に好きになってもらうことができます。クリエイティブプロモーションによって、まず顧客の右脳に訴えかけるのです。感覚的に好感を持ってもらえれば、購入検討の対象の一つに入ることができます。

キャッチコピーは企業のメッセージを伝えるものではない

その後、住宅の詳しい設備や仕様を説明し、顧客の左脳で損得や不備がないかを確認してもらうのです。最初から設備や仕様の説明をしてしまうと、顧客に感覚的に好きになってもらう機会を逃してしまいます。まずは、なんとなくこの家が好きかもしれないと思ってもらうことが重要なのです。

分譲住宅のＷＥＢサイトや広告などのキャッチコピーは、すべて顧客目線で、彼らの生活に寄り添った内容にする必要があります。なぜなら、顧客は一つひとつのクリエイティブを通して住宅購入後の生活をイメージし、そこに価値を感じることで住宅購入に至るからです。

分譲住宅会社や、ブランディングがうまくない企業のWEBサイトなどでよく見られるのが、企業の考えをそのままキャッチコピーとして採用してしまっている例です。

例えば、「○○な住まいづくり」のように、自社が持つ住宅づくりのこだわりをそのままキャッチコピーにしてしまっているものがあります。これでは、具体例もなく、顧客がどのような暮らしを実現できる住宅なのかが伝わりません。企業が発信したい独りよがりなメッセージを発信しているだけになってしまうのです。

キャッチコピーとは、企業のメッセージを伝えるものではなく、顧客に気づきを与え、行動を変えるためのものです。そのためにも、まずは顧客目線に立ち、顧客がどのようなことを考えていて、どのような課題を抱え、何を希望して住宅探しをしているのかを徹底的に考え抜くことが重要です。

また、別の業界の企業広告やCMのキャッチコピーにもアンテナを張り、人の心を動かすキャッチコピーにはどのような特徴があるのかを分析したり、キャッチコピーの考え方について説明された書籍を読んだりして、言葉選びの力を吸収していくことが大切です。

実際にクリエイティブをおこなうのはプロのクリエイターですが、その良し悪しを判断し、市場に投げかける最終決断をするのは住宅会社の担当者です。素人には分からないからとプロに丸投げするのではなく、感性や審美眼は常に磨いておき、自らが顧客の目線で広告物をとらえられるように心がけておく必要があります。

分譲住宅の世界観を伝えるブランディングムービー

ただし最終的に住宅のＷＴＰを上げるために必要なのは、リアルさや生活感だけでは足りません。住宅が高価な買い物である以上、顧客は住宅購入に憧れの暮らしや少し背伸びした特別感も求めています。現実から少しステップアップした理想の暮らしを実現できるのではないかと顧客に期待してもらう表現、まるでインテリア雑誌やライフスタイル雑誌を眺めているかのような、独特な世界観を表現することも大切です。

そうした分譲住宅の世界観を伝える方法として、ブランディングムービーの制作も効果的です。もし作成するのであれば、住宅の魅力が十分に伝わる、質の高いムービーを制作する必要があります。現在は手軽にムービーを作成できるソフトが多数存在し、宣伝目的でショートムービーなどを自社で制作している会社も多いですが、本格的に住宅のブランディングのためにムービーを作成するのであれば、プロに外注し、クオリティにこだわったムービーを制作することが重要です。

プロの制作スタイルは徹底しており、単に撮影して編集するだけにとどまりません。例えば撮影の際には、どの場所で撮影すれば最も美しく見えるのかを入念に検討します。シーンやシチュエーション、表現したいクリエイティブに合わせて、スタジオでの撮影や屋外での撮影を使い分けます。時間帯にもこだわり、漆黒のシーンが必要であれば夜の施工現場で撮影し、光を当てて幻想的な雰囲気を演出したり、燃えるような夕日のシーンが必要だが外での撮影が難しい場合は、代わりにライティングで夕陽を再現したりと、映像の質にとことんこだわることで、意味のあるブランディングムービー制作が実現するのです。映画や企業CMにひけを取らない品質にする覚悟で制作することが大切です。

このように力を入れて制作したムービーは、そのままWEBサイトのファーストビューにも活用できます。それだけで自社の住宅の価値を象徴する、見た目にも優れたWEBサイトへと進化させることができます。制作にコストをかけた分、さまざまな場面で活用し、ブランディングムービーを通じて顧客のWTPを引き上げていく意識を持つことが重要なのです。

ただし、プロの制作会社や広告代理店に依頼すればよいかといえばそうでないのは、WEB制作と同様です。分譲事業の本質を理解し、戸建分譲特有のマーケティング観点に理解のある制作会社へ依頼することが肝要であることを付けくわえておきます。

分譲マーケティング特有の広告運用とは

分譲住宅の広告を出稿する際には、ペルソナを意識した広告運用が必要不可欠です。ペルソナは、分譲地やブランドごとに設定し、その住宅を検討の対象とする周辺住民の趣味嗜好《しこう》や家族構成、所得などを踏まえて作り上げます。ペルソナがしっかりと定まれば、広告のデザインやキャッチコピー、出稿する媒体などにいちいち悩む必要がなくなり、ペルソナの価値観を徹底的に考え抜き、ペルソナに響く内容に仕上げることができます。

例えば、高所得層を対象とした住宅であれば、高級感を演出したデザインになるように工夫し、高所得者層が好む趣味を持つ層を狙って広告を出稿します。経営者が利用することの多いFacebookなどへの広告出稿も効果的でしょう。反対に、価格を抑えた住宅で若年層を対象とする場合は、親しみが持てて将来の生活が想像できるようなデザインにし、

InstagramやTikTokなどの若年層がよく使用しているSNSで広告を出稿するという方法もあります。広告のデザインや掲載する媒体などもペルソナに合わせて選択していくことが重要です。

また、最初からすべての情報を明かさないようにすることも大切です。新規分譲地の広告を出す場合は、区画などの条件を初めから見せるのではなく、分譲地のコンセプトやイメージだけを掲載し、エントリーの窓口とするのが得策です。

分譲地のイメージ画像やキャッチコピー、情報解禁日、物件の概要や会社の概要などの必要事項、特設サイトオープンまでのカウントダウン、コンセプト発表会へのリンクなどを、小出しにして載せるようにします。いきなりすべての情報を見せるのではなく、分譲地の情報公開が楽しみでワクワクしてしまうような見せ方を追求することが理想です。

目指すべきは、分譲マンションの広告です。例えば、臨海部の高層マンションの広告であれば、高級感のある夜景の写真に、都心のラグジュアリーな生活を思わせるキャッチコピーなどが並びます。一方、郊外の緑が多く子育てしやすいエリアの分譲マンションであれば、自然豊かな風景の写真や親子の写真が使われ、将来の豊かな生活を予感してもらうキャッチコピーが使用されています。

分譲マンション業界では、しっかりとしたマーケティングがおこなわれ、それに基づいたクリエイティブがおこなわれているのです。分譲住宅業界においても、住宅ごとのペルソナに合わせた広告デザインや媒体選択などのマーケティング手法を積極的に取り入れていくことが求められています。

WEBサイトはトップページが命

ここからは効果的なWEBサイトの作り方を具体的に紹介していきます。大事なのはWEBサイトのトップページです。使用するイメージ写真やキャッチコピーはもちろん、トップページに掲載する情報も非常に大切です。顧客はまず、トップページを見てそのWEBサイト、ひいては分譲地の印象を判断するため、顧客に与えたいイメージとずれないように、顧客にこの場所に住みたいと思わせる情報の見せ方を考えることが肝要です。

トップページに必要な要素は、分譲地名、ロゴ、キャッチコピー、分譲地の特筆すべきポイント、イメージ写真、コンセプト発表会の案内です。分譲地名とロゴは、まず名乗ることで顧客に固有の分譲地であることを認識してもらうことができます。会社によっては、「住所＋A棟」のような形で固有のネーミングをつけない場合もありますが、とてももったいないことです。コンセプトを反映し、住宅の価値が伝わるようなオリジナルの名前をつけるようにすることが大切です。

もちろん、キャッチコピーも非常に重要です。コンセプトを案内する専用サイトは、住宅を公開する前にクローズドな範囲でイメージを醸成できる貴重な機会です。商品が実際に公開されていないからこそ、言葉の威力だけでどれだけでも住宅を魅力的に見せることができます。妥協せずに言葉選びにこだわることが必要不可欠です。

専用サイトの時点で分譲地のポイントを4～5点掲載します。日当たりや主要駅からの距離、周辺環境など、その分譲地の差別化ポイントを分かりやすい言葉で掲載します。写真選びもとても重要であり、各媒体や広告での統一感を大切に選ぶ必要があります。トップページでいちばん大きな範囲を占めるのが写真であり、写真が住宅のコンセプトとずれたものであると、台無しになってしまいます。住宅に対してペルソナに持ってほしい印象を与えられるような写真を厳選することが大切です。

ブランディング事例

このようにトップページにこだわる理由は、住宅に興味を持ってもらい、顧客に分譲時のコンセプトを発表する場に足を運んでもらうためです。分譲地発表前から専用サイトを開設し、トップページに情報を掲載するのは、すべて集客のためなのです。トップページには忘れずに、コンセプトの発表をすることを知らせるとともに、コンセプト発表会の日程を表示することが求められるのです。

WEBサイトは作りっぱなしにしない

そして最も大切なことは、定期的に

WEBサイトを更新することです。訪れても変化がないWEBページでは、顧客の再来する意欲を減退させてしまいます。住宅分譲に動きがあったら、段階に応じてメインの情報を差し替える必要があります。また、分譲地の設立準備室からのお便りという形で最新ニュースなどを掲載したブログページを用意しておくことが効果的です。これらを頻繁に更新し、情報を発信しながら、動きのあるサイトを演出することができます。

まだ掲載できる情報が少ない公開当初のサイトで、「プロジェクトが進捗している」感を演出するには、ブログを更新することが最も有効です。掲載されている情報が大きく変更されていなくても、ブログが定期的に公開されているだけで、顧客に長く楽しんでもらうことができ、ブログを読むうちにその住宅への愛着も湧いてきます。毎日の更新を目指して、内容や曜日ごとに担当を決め、継続発信できるように努めることが重要です。

具体的には、周辺環境の情報や最寄りの交通案内、自社分譲地の差別化につながるアンカリング情報、スタッフの日常、分譲地の工事進捗情報、コンセプト発表会へのエントリー状況、コンセプト発表会・特別販売会に向けたカウントダウン、コンセプト発表会・特別販売会の実施報告、特設サイトの更新情報などをブログ記事として投稿していきます。周辺環境の情報は、学校や病院、公園、買い物、グルメ情報などを網羅的に掲載します。近隣小学校までの通学路の道筋や最寄り駅までの道のりを写真とともに掲載したり、地元の人気スーパーの商品や特売情報、スタッフおすすめのグルメ情報などを掲載したりすることも有効です。

住宅を選ぶうえで、立地はとても重要な条件です。何駅まで何分、小学校まで何分では、具体的に生活する姿を想像することは難しいのです。だからこそ、ブログなどのコンテンツ仕立てで写真とともに掲載し、住宅を購入したあとの様子を顧客にイメージしてもらうのです。

顧客の利益になる情報を発信する

住宅の差別化要素をブログでアピールすることも大切ですが、売りを全面に押し出すことは避けるべきです。ブログはあくまでも自社が発信したい情報を載せるのではなく、顧客の利益になる情報を発信することが肝要です。

住宅のブランディングが適切におこなわれていれば、住宅の差別化ポイントはその地域の顧客にとって価値を感じるポイントになっているはずです。その差別化ポイントをより魅力的に見える写真や文章になるように工夫することが求められます。また、分譲地の工事進捗は、クローズドな情報まで発信しないように注意が必要です。

メインの情報は、コンセプト発表会の1カ月前、コンセプト発表会の翌日、特別先行販売会の1週間前、特別先行販売会の翌日など、適切なタイミングで差し替えていくのが理想です。コンセプト発表会後の更新では、発表会が盛大におこなわれたことを報告します。特別先行販売会の前には、1週間ほど前に開催の告知をおこなうことが求められます。特別先行販売会の翌日にも、販売会が盛り上がったことを報告する内容に更新することが重要です。販売会のあとには、「即日完売御礼」や「好評につき第2期開催決定」などの告知をおこなうことで、分譲地の人気を演出し、申込者のキャンセルを防ぐことができるのです。

予約状況をWEBサイトでタイムリーに報告することも大切です。人気のある分譲地であることをアピールでき、エントリーを迷っている顧客の背中を押すことにつながるからです。単純に盛況な様子を文章だけで表現するのではなく、コンセプトを反映したデザインを施した画像などで表示すると、一層目を引くことができます。

住宅情報サイトを活用している会社も多いと思いますが、自社特設サイトと同じく、住宅分譲のタイミングに合わせて情報を更新するのがベターです。更新のないページだと顧客は離れてしまうからです。

特に住宅情報サイトは、たくさんの住宅のなかから自社の情報を顧客に見つけてもらう必要があります。動きが活発で、人気のある住宅であることを演出するためにも、定期的に更新する必要があります。掲載する画像にも文字を目立つように入れ、トップに表示されるタイトルにも地域名や分譲住宅の名前、アピールポイントなどを掲載します。多数の住宅と並列で見られることを踏まえると、シンプルに画像や文章で目を引く必要があるからです。またタイトルや説明文章を練ることでページ自体のSEO対策にもつながります。一つひとつの言葉にこだわり、工夫をこらすことが求められます。

「残り1棟！」はWEBサイトではNG

住宅のデザインやプロモーションで顧客に買いたいと思わせたあとは、実際に買ってもらうために顧客の購買意欲を高める必要があります。ただし、正しくおこなうことがポイントです。良くない例としては、「残り1棟！」などの表記の仕方をよく見かけますが、顧客心理を適切にコントロールできているかは疑問を持つべきです。ただ購入をせかそうとしていると受け取られかねません。

そのため、○や×以外に△マークをつけておいて、下に小さく「ご案内できない場合があります」などの言葉を入れておくことが有効です。このような細かい工夫によって、顧客の心理を適切に購買行動に導くことができるのです。

マーケティングに力を入れ、自社の住宅のブランディングに成功しているP社は、このような顧客心理をとらえた工夫が随所に見られます。分譲マンションなどではよくあるパターンですが、分譲住宅の場合は取り組んでいる会社が少ないのが現状です。

分譲住宅の場合、WEBサイトで区画図をすべて表示しているところがほとんどです。しかし、これもあまり好ましい手法とはいえません。住宅会社としては、7区画中残り3

区画しか空いていないことを知ってもらい、人気のある物件だと感じてもらうための手法かもしれません。

しかし、顧客にとっては3区画も売れ残っていると感じる場合もあります。特に、売れ残っている3区画が分譲地の中でも奥地にあったり、道路付けが悪かったり、あるいは車庫の幅が狭く車が停めにくいような区画にあったりする場合は、顧客から敬遠されがちです。顧客はこのような区画が売れ残っていると推察し、もうその売れ残り区画には見向きもしなくなってしまいます。顧客にこのような心理を抱かせないためにも、安易に全区画を表示したり、済マークをつけたりすることは避けるべきです。

売れ残っている区画にも、その区画のメリットが必ずあるはずです。他の売れている分譲地と並べて済マークがついていないものとして売り出すのではなく、住宅の価値が分かるような見せ方をすることが重要です。ただ売り情報だけをWEBサイトに表示していては、住宅は売れません。地域を示して、空き物件があるという案内では、その地域で家探しをしている人にしか見てもらうことはできません。

売れ残ってしまうのなら、なおさらその地域で家探しをしている人以外にも興味を持ってもらう必要があります。多くの顧客に興味を持ってもらうためには、住宅の価値を極限まで引き出す工夫が不可欠なのです。

自社でマーケティング専門の部署を作るのが理想

ここまで、WEBマーケティングの重要性について語ってきましたが、広告のデザインやキャッチコピーは、住宅会社のセールスが片手間でできるような仕事ではありません。プロモーションに力を入れて住宅を販売していきたいのであれば、社内に専門の部署を作るのが理想です。

マーケティングに力を注いでいる住宅販売会社のP社は、自社にマーケティングの部署を設置し、その部署を花形の部署として扱い、優秀な人材を採用するようにしています。会社が、家を売るために必要なのはマーケティング力だと意思決定し、部署編成から採用まで一貫して力を入れることが、成果を出すコツなのです。

とはいえ、自社でマーケティングの部署を作るという大きな組織体制の変更をおこなうのは難しいというのも事実です。最終的にはP社のような体制を目指しつつ、最初は外部のリソースを借りながらプロジェクトを進めていく必要があります。

その際、制作物の方針、進行管理やクリエイティブのチェックなど、工程の一つひとつを外部業者に任せきりにするのではなく、自社の社員が進行管理のかじ取りをしっかりとおこないながら進めることが重要です。外部リソースを活用しながら魅力的なプロモーションができるようになってきたら、徐々に外部のリソースを減らし、自社で内製化、つまりインハウスの制作担当者が担当できるようにシフトチェンジしていきます。

社内で賄うということは、さまざまな経験値が会社の財産として蓄えられていくということです。目先のコストだけを考えるのではなく、先の未来のことも考えて施策をおこなうことが大切なのです。

Part 5

要約

- デザインとセールスだけでは分譲住宅の価値を十分に伝えられず、マーケティングが不可欠。
- 自社サイトでの直接集客を目指し、分譲住宅自体の魅力を伝える工夫が重要。
- WEBサイトでは住宅のコンセプトやこだわりを伝え、顧客のWTPを高める。
- キャッチコピーは顧客目線で、購入後の生活をイメージしてもらう内容にする。
- プロに依頼し、高品質のブランディングムービーを制作することも効果的。
- ペルソナを意識し、ターゲットに合わせた広告運用をおこなう。
- WEBサイトのトップページにこだわり、興味を持ってもらえる情報を掲載する。
- 定期的なWEBサイトの更新とブログによる情報発信で、顧客の関心を維持する。
- 予約状況などをタイムリーに報告し、分譲地の人気をアピールする。
- 売れ残り区画も価値を適切に伝える工夫で、多くの顧客の興味を引く。
- 理想はマーケティング専門部署の設置だが、外部リソースも活用しながら体制を整える。

Part 6

あの家に住んでみたい――

分譲住宅の価値を高めるブランディング戦略で地域に不可欠な企業になる

分譲住宅を建ててから売るのではなく、
建てる前から完売させるには住宅そのものだけでなく、
街の魅力やライフスタイルまでトータルで
ブランディングすることが重要です。

建てる前から完売御礼も夢ではない！

分譲マンションは、着工前から販売が進められます。建物が完成することを想定しながら、着工前からマンションギャラリーなどで顧客へのセールスがおこなわれています。分譲マンションの場合、売れ行きが芳しくない場合に限り、竣工後にモデルルームを作るケースもありますが、これは最後の販売促進策にすぎません。理想的には、分譲マンションは建物の完成前にすべての居室を売り切ることが望ましいのです。つまり、日の前に現物がなくても、住宅は販売可能であるということになります。

一方、分譲住宅にはこれまでこの販売方式が適用されていませんでした。分譲住宅は「建売」という言葉のとおり、建ててから売るという認識が一般的だったのです。建物という現物が存在し、それを目で見て確かめ、顧客に気に入ってもらえないと売れないという意識が業界のなかで根強くあります。ただ、分譲住宅も本来は着工前に売り切るほうが、住宅会社にとって経営効率が向上します。

住宅会社が分譲住宅を建設する際、まず事業会社が売主から土地を仕入れ、その資金は事業用ローンを組んで支払うか、自己資金で賄います。また、購入した土地の上に建てる家の資金も、一時的に住宅会社が立て替える必要があります。工務店へ施工を発注後、施工費を支払うのは住宅会社なのです。

住宅会社が顧客から事業費用を回収できるタイミングは、顧客との売買取引が成立してからになります。つまり、仕入れから竣工までのおよそ半年から1年の間は、住宅会社が費用を立て替えなければならず、その間、ローンや利子の支払いも必要となります。コスト負担の大きさは明らかです。

このように竣工後に販売する場合、売れ残り期間が長引くほど、住宅会社の負担は増大します。前払いした費用の回収時期は不透明で、売れ残りが続けば、ローンや利子の費用負担ばかりが増えていきます。

一方、分譲住宅も建築確認後であれば着工前に売買契約を締結することで、住宅会社の負担は大幅に減ります。実際に、建物の売買契約は、建物を建てる前に締結することが可能なのです。

正直なところ、顧客の要望を聞いて設計するよりも、一般的な間取りや設備で建ててから売るほうが圧倒的に楽なのです。そのため、先に建ててから売る「建売」という手法を採用する住宅会社が多くなっているのです。

とはいえ、ただの建売では売ることが難しくなっているため、住宅会社のなかには自由設計ゾーンを設ける住宅を販売する会社も増えてきています。建売が売り切れないから、自由設計ゾーンを設けて他社との差別化を図っているのです。実際に自分の好きな間取りにできるというのは、顧客にとって魅力的に感じられます。

ただし、これでは注文住宅と同様になります。フルオーダーではないものの、セミオーダーのようなものになるため、建売ではなく注文住宅の建て方と似たような進め方になるのです。セミオーダーで住宅を建てる場合は、分譲事業とは呼べないでしょう。

本来、建売住宅は、建物の間取りや設備が決まった状態で役所に建築確認申請をし、許可を得ます。設計プランの変更がない状態で建てて売るというのが理想的な方法なのです。確認申請とは別の点で、確定した設計プランに基づき、施工会社側への資材の調達など押さえておくべきポイントもあります。

顧客との売買契約や意向が決定する期間と、建築確認や資材の調達がおこなわれる間はとてもタイトであるため、分譲住宅において顧客の要望を聞き入れて建築確認や資材の調達に反映するのは、非常に大変なことなのです。分譲住宅のセールスで、顧客の要望を聞くことができるのは、ほんの小さなオマケ程度に考えたほうがよいです。

分譲住宅における理想的な販売方法は、建てる前に売るということです。建てる前に売ることを実現するためには、外観のパースをしっかり描いて、建物が建つ前からどのような雰囲気の分譲地になるのかを示すことが肝要です。

「あの分譲地に住みたい」という声が街のステータスになる

現代の消費者は、インターネットやSNSなどを通じて、多種多様な情報を収集しています。そのため、ものを見る目が肥えており、優れたデザインの住宅や分譲地に対して高い価値を感じる傾向にあります。周りから褒められるような住宅に住み続けることが、一種のステータスにもなっているのです。それがやがて「あの街に住みたい」という、街全体のステータスにつながっていくのです。

分譲住宅のブランディングをおこなう場合、家づくりといったミクロの視点だけではなく、もっと視野を広げた街づくり、つまりマクロの視点の意識を持つことが重要です。なぜなら、住みたい、憧れられる分譲住宅地というのは、一軒の住宅だけで形成されているものではないからです。本来、分譲住宅は街区全体で景観形成がなされるべきであり、住宅が並んだときの美しさや静観な様が「住みたい」という欲求を刺激するのです。したがって販売する際も、街区トータルでコーディネイトしていく必要があります。

例えば、大手ハウスメーカーPグループは、ある時期からマーケティング事業部を新たに立ち上げました。理由は「より付加価値のある街づくりを実現するため」です。分譲地がその地域のランドマーク的な存在になれば、分譲地そのものが顧客の自己実現欲求を満たす価値ある場所になるからです。どれだけ高くても「この場所に住みたい」と思わせることができたら、家そのもの以上に価値を引き上げることができるのです。

とはいえ、分譲地全体をトータルでデザインするのは簡単ではありません。同じようなデザインの住宅を色違いで並べるだけでは、街づくりにはならないからです。細かなデザインの工夫でリズム感と一体感を出すことにより、初めて美しい街並みが実現します。住宅の間にファサードや簡易な公園を作るなどのひと手間も場合によっては必要です。当然その分コストや工期がかかりますが、付加価値の高い家づくり、街づくりには多少の出費は必要不可欠です。また、その分譲地の魅力が伝わる広告物やコピー、それらをトータルで計画するマーケティング手法も考える必要があります。

その街の「本当の強み」を整理する

分譲地のブランディングがうまくいくと、最終的に街そのものを魅力的にすることができます。私の会社が手がけた事例のなかに、ブランディングやキャッチコピーにより千葉県千葉市にある「検見川浜」駅に新たな価値を創出することができたものがあります。

検見川浜駅はJR京葉線にある駅の一つで、大手総合スーパーの本社や幕張メッセ等のある「海浜幕張」駅の隣に位置しています。千葉市のなかでは中心地から少し外れたイメージがある駅かもしれませんが、メリットも当然あります。それは、乗り換えなく電車1本で東京駅に到着するということです。つまり、「東京」がすぐ隣にあるのです。

このロケーションに目をつけて、「東京のとなりで」というキャッチコピーを付けました。千葉ではなく、都会のすぐ隣に住んでいるイメージを出すという狙いです。予告広告にもこのキャッチコピーを使用し、デザインもスタイリッシュなアーバン感を感じられるクリエイティブを取り入れました。この広告は非常に良い反響をいただき、20区画ほどの分譲地を素早く売り切ることができました。

広告だけではなく、「検見川浜」の街のプロフィールとして、街を流れる川の名前の由来や、古来続く祭りや伝統、その由来、ロケーションの魅力なども掲載し、セールストークにも取り入れました。一見、千葉県のなかでは人気のなさそうな地域であっても、広告の見せ方やセールスポイントの作り方によって、街そのものを魅力的に見せることが可能なのです。

魅力的に見せるためには、分譲地の企画を始める際に、その街について徹底的に調べておくことが重要です。どのような場所でもデメリットがありますが、一方でメリットも必ず存在します。デメリットばかりに目を向けて諦めるのではなく、メリットを丁寧に掘り起こして見せ方を考えることが必要なのです。

ロケーションは、住宅や分譲地が持つ大きな要素の一つです。ロケーションの価値もしっかりとまとめることが商品開発の一環となります。セールスできるようにロケーションについての情報を集めておき、見せ方を考えることが重要です。

都心から離れた街であろうと、その場所なりの魅力があります。例えば、自然豊かな公園が近所にあって、子どもがカブトムシ捕りを楽しめたり、ホタルが見えるスポットがあったりすれば、それらを魅力としてアピールすることができます。このような特徴を持つ地域は、のびのびとした環境で子どもを育てたい顧客にとって最高の分譲地になり得ます。

分譲住宅のなかには、都心へのアクセスを第一優先として、他の強みを見落としている住宅が多いですが、それだけが顧客にとっての価値であるとは限りません。その土地が持つ特性や歴史をひもといていけば、その場所を求めている顧客像が見えてきます。その場所のメリットを整理したうえで、その魅力が伝わるような広告や見せ方を考えていくことが大切です。それが結果的に、住まう街そのものを魅力的にすることにつながるのです。

みなまで言うな

「興ざめ」という言葉があります。「それまで感じていた面白みや楽しみが失せてしまう様子。感興が醒めるさま」を意味し、「プライベートな飲み会の席で仕事の話をされ興ざめしてしまった」という使われ方をします。

ブランディングのためのクリエイティブを作る際には、この興ざめに十分に気をつける必要があります。例えば、「私たちは施工品質にこだわっています」「私たちは子育てママのための家づくりをします」というコピーをよく見かけます。住宅会社としては、これらのコピーによって顧客（マーケット）の心をつかもうとしているのかもしれませんが、顧客は逆に興ざめしてしまいます。

私はクライアントである住宅会社からキャッチコピーのチェックを求められる機会が多いのですが、この興ざめの罠にはまってしまっているケースは多くあります。そして、興ざめの罠にはまらないために必要な考え方が「みなまで言うな」です。

目の前の見えている事象をそのまま言葉にしてしまうことで興ざめを誘ってしまうのは、江戸風に表現すると「粋でない」とも言い換えられます。

私はよく、写真やイラスト、動画、キャッチコピーなどを総合して「ビジュアル」と表現しますが、伝えたいことをみなまで言わずともビジュアルのみで感じられるものにします。ここまで顧客のことを考え施工に対する想いが深いのであれば、当然施工品質にこだわるだろうと顧客に連想してもらうことが大事です。ストレートに「施工品質にこだわります」と言ってはならないのです。

このような感性に呼びかける手法は、誰もが持っているわけではありません。ただ、確実に言えるのは、みなまで言わないということにクリエイティブアウトプットの信念を持つ制作会社は、マーケティングセンスが高く、信頼のおける制作会社であるということです。みなまで言わずに出来上がったブランドに、「世界観」が宿ることになるのです。

中小企業ならではのトータルブランディング

組織が安定した経営をおこなうためには、営業利益を確保することが重要です。そのためには、売れ残りを恐れるがあまりに弱気すぎる値付けをしたり、販売後に安易に値引きに走るなど、問題の先送りがもたらす会社への致命的なダメージにつながる営業スタイルは避けるべきです。住宅の価値を適切に設定し、値引きせずに高価格で迅速に販売するサイクルを確立することが必要です。

適正価格で継続的に販売するには、ＷＴＰ（顧客がお金を支払いたいと感じる価値）を引き上げることが重要であり、そのためにはブランディングが欠かせないということを本書では語ってきました。住宅のデザイン、分譲地の設計、セールス方法、マーケティング施策など、住宅販売に関わるあらゆる面から一貫性を持ってブランド価値を構築していくこと。これが分譲住宅に必要なトータルブランディングといえるのです。

さらに、社内の組織編成やシステム、コスト配分なども検討する必要があります。社内で完結できないタスクは、外部のパートナーやプロに委託することも重要な判断となります。その場合、外部委託を適切に管理する社内の人材確保も欠かせません。会社全体で一丸となって取り組むべき事項を検討し、実行に移すことが、安定した経営につながるのです。

分譲住宅のトータルブランディングは、中小企業にとってより大きな効果を実感できる取り組みといえます。住宅業界では、大手企業は与信力やプロジェクトの規模、認知度の高さなどから、一般的に安心感を持たれやすい傾向にあります。住宅購入は多くの顧客にとって一生に一度の大きな買い物であり、安心できる会社から購入したいと考えるのは自然なことです。

そのため、中小企業は大手企業に勝るとも劣らない価値を持った住宅を提供する必要があります。中小企業は大手企業以上にブランディングに力を入れ、顧客に「この会社の住宅を購入したい」「この会社を応援したい」と思わせなければなりません。

ただし、優れたデザインや設備性能だけでは、顧客の共感を得ることは難しいのが現実です。なぜそれらにこだわるのか、その背景を伝えることで顧客の共感を呼び、応援につなげることができます。分譲住宅は注文住宅と比べて、会社を知ってから購入に至るまでの期間が短いという特徴があります。顧客が住宅探しを始めた瞬間から、会社の印象づくりがスタートしているのです。WEBサイトや動画などを通じて会社の取り組みを知ってもらうことで、顧客はその会社がどのような住宅を手がけているのかを理解します。

会社の取り組みそのものに共感してもらえれば、顧客は自ら会社の情報を探り、住宅購入時の第1候補として検討してくれるでしょう。入居後も、口コミを広げたり、新たな分譲地の増設に好意的な態度を示したりすることが期待できます。ブランディングを通じて顧客との精神的な絆を築くことは、住宅の売上以上の効果をもたらすのです。

デメリットかどうかを決めるのは顧客

住宅のデメリットを決めるのは、住宅会社やセールスではなく、住宅を手にする顧客です。住宅会社側がデメリットだと感じていても、顧客によってはデメリットに感じない場合もあります。例えば、線路のすぐ近くに建っている物件は、静かな場所で暮らしたい顧客にとっては大きなデメリットですが、元々住んでいる場所がもっとうるさい場所で気にならなかったり、電車が好きだからむしろありがたいと感じたりする顧客もいるのです。

このような物件を案内する際、セールスは「電車が横を通っていて、うるさいのがデメリットです」と決めつけるのではなく、通常よりも騒音が気になる場所だから防音性の高い窓をつけていることを説明したうえで、音さえ気にならなければおすすめだが、音が気になるならやめたほうがいいと、顧客に判断を委ねるべきです。一般的なデメリットやそれに対する対策を伝えつつ、それより上回るメリットもアピールできるよう、情報を整理しておくことが大切です。

このような説明であれば、メリットが大きいと判断した顧客は住宅を購入し、デメリットが大きいと判断した顧客は購入を見送るでしょう。また、購入を見送った場合でも、顧客自身が気づいていなかった「静かな場所がいい」という欲求に気づくことができ、セールスは次の住宅を紹介する際の参考にできます。

人は、住宅に限らず、デメリットが気にならないほどの心が動く大きなメリットがあると判断した商品やサービスを選びます。例えば、ハイブランドのカバンや靴は、メンテナンスの手間がかかるというデメリットがありますが、持つことがステータスだと感じるというメリットを重視する人が購入を決めるのです。住宅にもそれぞれのメリットがあるのに、それを掘り起こそうとせずにデメリットだけを伝えていては、売れるものも売れなくなってしまいます。住宅会社自体が、自社の住宅を正しく評価して、販売価格の決定やセールス手法の工夫を進めていくべきなのです。

住宅会社が自分たちで住宅のメリットデメリットを判断し、売れにくいと考えた住宅は値下げをして売り切ろうとすると、会社は利益を出せずに損をすることになります。また、その住宅の価値を見いだしてアピールしていれば届いたはずの顧客にも届けることができないという悪循環に陥ってしまいます。さらに、デメリットがある物件なのに、それを正しく顧客に伝えないことで大問題に発展することもあります。

顧客はさまざまな方法で情報収集をおこない、比較検討しているため、他の競合と比べてデメリットがあると指摘される場合もあるでしょう。顧客から指摘される前に、正直に自社の住宅のデメリットを伝えるべきです。そして、そのデメリットをかき消すほどのメリット探し、メリットづくりに取り組む必要があります。メリットがない土地であれば、デザインにこだわるなどしてメリットを作るしかありません。どのような住宅であっても、顧客のWTPを上げるためにできることがないか模索することが重要なのです。

顧客に応援したいと思ってもらえるかどうか

最終的に重要なのは、販売価格を上回るほどの価値が住宅にあると顧客に思ってもらうことです。ロケーションの魅力、建物の魅力、街の雰囲気、セールスの態度などが、住宅の価値として総合的に判断されます。もしロケーションの魅力が低い分譲地であれば、デザインにこだわったり、ほかよりも価格を下げたりしてそのデメリットを埋めるべく価値の調整をします。価格を上回るWTPがあると思わせるような住宅の建て方、セールスの仕方を考える必要があるでしょう。

これまでは土地を購入して家を建てれば売れる時代でしたが、現代では誰もがメリットを感じる土地を安く買うことは難しくなっています。とても良い立地の土地が手に入ることもあれば、不便な土地を買わざるを得ないこともあるでしょう。そのような状況のなかで、どのような住宅を建て、どのような売り方をすれば住宅を売ることができるのかを考えるべきなのです。

住宅業界に限らず、さまざまな業界で差別化が難しい状態になり始めています。顧客の表面的な要望に合わせて商品開発をおこなうと、それぞれの商品に差がなくなってしまうのです。差別化するためには、顧客に応援したいと思ってもらえるかどうか、性能だけではなく、デザインの優れた商品を提供することが重要になっています。

例えば、スマートフォンを中心に人気を集めるアメリカのアップル社は、洗練されたデザインと最先端の性能を両立させることで、圧倒的な支持を集めています。顧客はアップル社の次の商品がどのようなデザインで、どのような性能なのかを注目しているのです。デザインと性能が優れた商品に出会うと、人はその会社を気にかけ、世界観も好きになれば、顧客はその会社のファンになります。

アップル社が出す新商品を心待ちにするファンがいるように、N不動産が手がける分譲マンションを待つファンがいるような状態を、分譲住宅会社も目指すべきです。

ファンを増やした後も、企業は努力を怠ってはいけません。特に住宅購入は大きな金額の買い物になるため、好きな会社から家を購入することをすぐに決められない顧客がほとんどです。デザインだけでなく、性能や設備、保証制度なども充実させていくことで、マーケットへの信頼が積み重なっていきます。

ただし、分譲住宅の場合、顧客が会社を比較検討するのは家を探し始めるタイミングだけです。そこで好意的な印象を持ってもらい、選んでもらうことができれば目的は達成されます。重要なのは、選ばれ続けることと、選ばれていることをきちんと発信していくことです。顧客から信頼され、選ばれているということを発信し、口コミなどを掲載すれば、WEBサイトを見た顧客から信頼できる会社だと判断してもらえます。それを2、3年ほど続ければ建物の実績や販売数も増え、アピールしやすくなります。

住宅ブランドは一朝一夕でできるものではありません。丁寧な住宅づくりとセールスを積み重ね、その時々の顧客に向き合うことでブランディングは成功するのです。

地域を愛し、愛される存在に

理想的な分譲地のブランディングは、街づくりにつながり、魅力的な街づくりは住民から愛される地域づくりにつながります。また、そういった分譲地を作り上げる住宅会社は、地域からも愛される存在になり得ます。ブランディングは建物を売るためだけにおこなうものではありません。自社の経営や顧客からの印象、地域住民からの印象など、すべてを好転させてくれます。分譲住宅を販売する会社であれば、その街に住宅を建てることを通して、地域がより愛される存在になるように尽力していくべきなのです。

つまり、住宅会社は街の魅力を作り上げることができる存在なのです。建物を建て、セールスが尽力して人を動かしていくことで、街の雰囲気を作ることができます。街のなかに、ひときわ魅力を感じる分譲地を作り、地域から信頼を積み重ねていくことで、長い時間をかけて街が変わっていく。そのような、住宅会社が建てる住宅が街をさらに活性化するという事例は、分譲マンションではすでにあります。

例えば、東京都江東区の豊洲地区では、高級タワー分譲マンションが、豊洲の再開発の象徴となり、周辺地域の活性化に大きく貢献しています。商業施設や公園なども整備され、豊洲はモダンで洗練された街へと変貌を遂げました。神奈川県横浜市の みなとみらい21地区でも大手住宅会社が高級タワーマンションを多数建設しました。これらのマンションは、みなとみらい21地区の都市景観を形成し、多くの富裕層を呼び込むことに成功。地区全体の活性化に寄与しています。このような街づくりを、戸建分譲住宅でも、きっと実現できるはずです。

戸建分譲事業の力になる経営パートナーを見極める

分譲住宅事業に参入する際、多くの企業が直面する課題は、これまでの注文住宅事業との違いを理解し、適切な販売手法を確立することです。

分譲住宅事業では、土地の仕入れから住宅のデザイン、価格設定、マーケティング、セールスに至るまで、幅広い知識と経験が求められます。これらすべてを自社だけでおこなうことは容易ではなく、特に参入初期の段階では、経験豊富なコンサルタントの支援が不可欠です。

信頼できるコンサルタントは、分譲住宅事業の特性を深く理解し、経営者のリスクと判断コストを把握しています。彼らは、過去の土地仕入れデータを整理し、地域ごとの相場を把握することで、適切な価格設定を助言します。これにより、本来売れるはずの物件が売れ残ってしまうリスクを軽減できます。また、コンサルタントは、分譲住宅事業に適したマーケティング戦略や販売手法を提案し、事業の成功確率を高めます。

特に、注文住宅事業から分譲住宅事業に参入した企業にとって、コンサルタントの存在は重要です。注文住宅事業では、粗利を重視する傾向がありますが、分譲住宅事業では、回転率を重視する必要があります。コンサルタントは、この違いを明確に説明し、適切な目標設定を支援します。1棟あたりの利益と販売数の掛け算で利益を得るのではなく、時間軸をベースに棟数ごとの粗利を巧みに操作しながら分譲プロジェクト全体の事業利益を狙って得る引き算型の事業スタイルを理解し、早期の販売と次の土地仕入れを最優先に行動することが、分譲住宅事業の成功の鍵であると助言します。

ただし、長期的な視点で見ると、コンサルタントに過度に依存することは、会社の自立性を損なう可能性があります。理想的には、コンサルタントの支援を受けながら、自社のノウハウを蓄積し、最終的には独立して事業を展開できるようになることが望ましいでしょう。そのためには、コンサルタントから提供される情報やアドバイスを吸収し、社内で共有・活用することが重要です。

例えば、土地の価値判断方法を社内で確立するために、コンサルタントから得たデータをもとに、独自のデータベースを構築することが有効です。また、社内決済システムの整備や、近隣の賃貸物件の家賃を参考にした価格設定など、コンサルタントの助言を参考に、自社の体制を強化していくことが求められます。

これからの分譲住宅販売の理想形

分譲住宅の販売において、顧客の真のニーズを理解し、それに応えることが非常に重要です。従来の住宅販売では、各社が自慢の設備や性能、強みを単に並べるだけで、顧客の心を動かすことができていませんでした。しかし、これからの住宅販売では、顧客が共感し、興味を持てるような見せ方を工夫することが求められます。

住宅会社は、断熱性の高さなどの機能的な特徴を伝えるだけでなく、なぜそれにこだわっているのか、顧客にとってどのようなメリットがあるのかを明確に示す必要があります。なぜなら、顧客は住宅そのものを購入しているのではなく、住宅に住むことで得られる家族の幸せを求めているからです。住宅の価値を伝えるためには、住宅そのものではなく、住宅を購入することで叶えられる理想の生活を表現する必要があります。

すなわち、住宅会社は、住宅ではなく顧客のライフスタイルを販売しているのです。分譲住宅を販売する会社は、顧客が求めるライフスタイルを深く理解し、未来の明るい生活を予感してもらう広告を提示すべきです。子どもがのびのびと育つ環境、家事や育児と仕事を両立しやすい立地や間取りなど、顧客が自分の人生の理想のシーンを想像できるような見せ方が求められます。顧客が「この住宅に住みたい」「何げない日常をこの住宅で過ごしたい」と思えるようにすることが大切なのです。

時代とともに、顧客が住宅購入に求める価値は多様化しています。物理的な便利さだけでなく、分譲地や住宅の雰囲気、質感など、周りから憧れられるステータスに価値を見いだす顧客が増えています。これは付加価値と言い換えることもできます。住宅購入によって、所有欲や承認欲求が満たされ、人生に付加価値がつくことを求めているのです。顧客自身は、住宅購入に求めている本質的な価値に気づいていない場合が多いため、マーケットアウト型の住宅開発で、顧客の潜在的な欲求を満たす住宅を作っていくことが重要なのです。

例えば、洗練されたスタイリッシュな外構、ライティングによって植栽の影が幻想的に浮きあがるような外観など、一見住宅の価値として重要視されないようなポイントにこだわることが、顧客のＷＴＰを上げることにつながります。セールスは、こういったポイントにお金を払いたいと感じる顧客がいることを理解する必要があります。

現代社会では、デザインやコンセプトが重視されるようになっており、顧客は自然と洗練されたデザインに触れる機会が増えています。住宅においても、非日常的な空間だけでなく、日常的に目にするデザインであっても、よりかっこよく美しいものが求められています。

これからの分譲住宅販売では、こうした顧客の真の欲求を理解し、それを満たすような住宅を提供することが理想です。顧客の心を動かし、共感を呼ぶ住宅販売こそが、これからの分譲住宅販売の理想形なのです。

買い手、売り手、地域にとっての〝三方良し〟

最終的に分譲住宅のブランディングは、「三方良し」の理念を体現することだと私は考えています。「三方良し」とは、近江商人の心得として知られる経営理念であり、商売において売り手、買い手、地域の三者がともに満足し、利益を得ることを指します。

売り手が適正な利益を得ることで、事業の継続と発展が可能になります。買い手が商品やサービスに満足し、その価値に見合った対価を支払うことで、買い手の需要が満たされます。商取引が公正で誠実におこなわれることで、社会全体の利益につながり、経済の健全な発展に寄与します。この理念は、売り手の利益だけでなく、買い手や社会全体の利益も考慮に入れることで、長期的な信頼関係を築き、持続可能な商売をおこなうことを目指しています。

分譲住宅においても、買い手、売り手、地域の三者がともに幸せになることを目指すべきです。買い手にとって、ブランディングされた住宅は自分のパーソナリティや価値観に合った住まいを見つけやすくなります。また、潜在的な住宅への欲求を満たし、理想のライフスタイルを実現する手助けとなるでしょう。結果として、買い手は自分らしい生活を送ることができ、幸せを感じられるはずです。

売り手の立場から見ると、分譲住宅のブランディングは自社の強みを顧客に効果的に伝える機会となります。売れ残りのない住宅づくりを実現することで、経営の安定化につながります。さらに、顧客から感謝や信頼を得ることで、売り手としてのやりがいや満足感を得ることができるでしょう。

地域にとっても、ブランディングされた分譲住宅は大きなメリットがあります。洗練されたデザインの住宅が建ち並ぶことで、地域の美観や価値が向上します。また、その土地のポテンシャルを引き出す広告やキャッチコピーは、地域のイメージアップにつながります。地域が活性化し、住民の誇りや愛着が深まることで、地域全体の幸福度が高まるでしょう。

　このように、分譲住宅のブランディングは、住宅という商品を通して顧客の人生に寄り添い、顧客からの感謝を得ながら、会社の価値を高めることができます。同時に、地域の発展にも貢献できるのです。この「三方良し」の実現こそが、分譲住宅販売における究極の目標といえます。

　住宅業界は、顧客の人生に深く関わり、重要な選択に影響を与えることができる貴重な業界です。ただ住宅を販売するだけでなく、買い手、売り手、地域の三者の幸せを追求することで、業界全体の存在価値が高まります。

　分譲住宅のブランディングは、その実現に向けた有効な手段なのです。手間がかかるように思えるかもしれませんが、長期的な視点に立てば、すべての関係者にとって望ましい結果をもたらすことができるのです。

Part 6
要約

- 分譲住宅は建てる前から完売が理想。街づくりの視点で、街区全体の景観形成により街のステータス化を図る。
- 分譲地企画では、街のメリットを掘り起こし魅力的に見せる工夫が重要。デメリットは顧客が判断し、上回るメリットをアピール。
- ブランディングのためのクリエイティブを作る際には、顧客を興ざめさせないよう気をつける必要がある。そのために、「みなまで言うな」を意識する。
- 顧客から応援されるため、デザインと性能を両立しファン獲得を目指す。理想の分譲地は街と地域づくりにつながり、愛される存在に。
- 分譲住宅参入にはコンサルタント支援が有効。長期的には自社ノウハウ蓄積と自立が望ましい。
- これからは顧客ニーズを理解しライフスタイル提案が重要。買い手、売り手、地域の「三方良し」を目指し、顧客と地域に寄り添う努力を。

おわりに

「経営者は止まれない」。

戸建分譲事業を推進する経営者は、金融機関から借入をおこし、用地を仕入れて分譲地の開発を進めます。次なる融資を受けるために、販売中の分譲プロジェクトは完売しなければなりません。そして、既存分譲地の販売動向や新規分譲地の企画に神経を使いながらも、未来の売上づくりのために用地仕入れの手を緩めることなく、常に奔走し続ける必要があります。

戸建分譲事業を経営するということは、まさに、止まることなく事業を回し続けていくということなのです。決して止まることが許されない経営者が、分譲プロジェクトの販売戦略にまで手が回らないのは無理もありません。

経営者にはできるだけ財務や用地仕入れに時間を使ってもらいたい。戸建分譲会社が、ブランディングやマーケティング・セールスでつまずいてしまうことがないよう私の知見を届けたい。そのような想いが本書を執筆した背景にあります。

住宅の新規着工数は、人口減少や核家族化、所得減少などの影響により減少傾向にあります。しかし、そのような状況下でも分譲住宅業界への参入企業は増加しています。

また、近年では、資材価格や建築費の高騰による注文住宅離れが進むなか、これまで注文住宅を主力としていた企業も、分譲住宅業界への参入を余儀なくされています。大手注文住宅会社が手がける高性能な分譲住宅や、新興住宅メーカーが提供する低価格住宅など、多種多様な商品が乱立し、市場に大きなインパクトを与えています。

こうした業界構造の変化のなかで、地域密着型のハウスメーカーや工務店などの中小企業が生き残るには、大手企業とは異なる差別化ポイントを見いだすことが必要不可欠です。

戸建分譲事業を「形式知」にするには、経営コンサルティングと不動産実務の経験がともに求められます。私は、経営コンサルティング業界に長年身をおきつつ戸建分譲の実務を経験するという異色のキャリアが幸いし、戸建分譲事業の本質をとらえ体系的に整理できるようになりました。また、分譲業界の常識を打ち破る手法で目を見張る実績をあげることができているのも、形式知化した経営手法で成果創出に向き合ってきたからにほかなりません。

2018年に株式会社クラフトアールを立ち上げて以降、私は数多くの中小企業の分譲住宅コンサルティングに携わってきました。特に、注文住宅事業とは異なる戸建分譲事業に関わり、経営者に影響を与える経営コンサルティング会社に助言する機会を得られるのは、戸建分譲業界に正しい知識を持つ人を増やしたいという私の使命を実現するための重要な一歩だと感じています。

2023年に株式会社戸建分譲総研を設立したのは、ブランディングや建築意匠のみならず、戸建分譲会社の経営そのものをサポートする専門機関が必要だと判断したためです。支援先のなかには、独自の住宅デザインやコンセプト、広告デザインなどで差別化を図り、地域から愛される住宅会社へと成長したクライアントが多数います。このアプローチ方法は、さまざまな地域の住宅会社に応用できると確信しています。

本書では、中小企業にとって重要な分譲住宅のブランディングについて解説してきました。

分譲住宅では、土地や住宅に合わせて顧客のペルソナやコンセプトを設定し、そのコンセプトが伝わるクリエイティブや顧客心理に基づいたセールスをおこなうことで、住宅の真の価値を伝えることができます。顧客の心の奥底にある欲求を満たすように、分譲地や住宅のデザイン、コンセプトづくりをおこなうことで、売れ残らない魅力的な住宅をつくることが可能となります。これは、分譲住宅事業の安定性にも寄与します。さらに、価値ある住宅を提供し続けることで、顧客や地域からの信頼も獲得できるのです。

本書には、分譲住宅のブランディングに関する私のこれまでの知見を凝縮しました。これらは一朝一夕で身に付くような簡単なものではありません。トライアルアンドエラーを繰り返しながら、自社に最適な方法を模索していく必要があり、即座に状況が好転するような魔法の杖ではありません。

しかし、分譲住宅のブランディングをおこなうことは、何も考えずに家を建てて売るよりも確実に顧客を幸せにすることができます。顧客の理想の暮らしを手助けできたという実感は、仕事のやりがいにつながり、会社全体を活性化させていきます。

住宅会社は、顧客の人生をより良くするための事業をおこなっています。誰かの人生を豊かにできたというかけがえのない手応えは、売上以上に重要な顧客からの信頼をもたらしてくれるのです。いくら売上を伸ばせたとしても、顧客から愛され、求められ続けなければ会社は存続できません。分譲住宅業界で長期的に事業を継続していくためにも、分譲住宅のブランディングは欠かせない手法なのです。

「戸建分譲住宅は、注文住宅に比べ目の前にあるものを売るだけだからイージー」と思われることも少なくありません。

しかし、戸建分譲事業は顧客から選ばれる商品を開発し、顧客が買いたいと思えるようなインサイトの奥深くに刺さるストーリーをつづっていく必要があります。スピード感が必要で、事業センスが求められますし、企画の力が試される事業でもあります。戸建分譲事業は本当に奥が深いです。

本書であげたテーマ以外に以下のような論点をあげておきますので、ぜひ調べてみてください。

【分譲経営で成功するために押さえるべき35のポイント】

1 契約率50％以上を確実にたたき出す営業手法を手に入れる
2 マーケットから選ばれつづける建物デザインは一級建築事務所では実現できない
3 営業利益を増やす裏技（区画図をはじめとする書類には利益源泉の宝の山がある）
4 値引きで顧客満足度は上がらない。購入・入居後に顧客満足度を上げ続ける
5 利益額、利益率、それとも？…自社の利益計画をリセットする
6 販売管理で最もこだわるべき数値がある
7 集客単価、成約単価を適正化する
8 外野の声に惑わされずに戸建分譲経営の無駄をつくる
9 ステイクホルダーが住みたくなる街・家
10 価値観が変化する住宅購入世代に刺さる間取り
11 感性を論理へ。売れる建物のデザイン理論をシェアする
12 棟数伸長？ シェア奪取？ 戦略と施策の一環均衡性
13 見せかけのシェアではなく、本当のシェアを伸ばして影響力を強固にする

14　投下資本とその利益は見合っていますか？
15　業界の常識はマーケットの非常識。自社の非常識を独自規格にする
16　戸建分譲事業の今後の事業展望を見据える
17　大手と対等に伍するための【異】をつくる
18　顧客への日々の小さなウソの積み重ねから卒業する
19　売れ残りをつくらない値付け戦略
20　販売タイムリミットの決め方
21　金融機関から用地情報を得る手法
22　事業効率のよいモデルハウス投資戦略
23　商品力・販売期間のパフォーマンスを高める区画割のやり方
24　都市計画法と戸建分譲事業の関係
25　効果的な販促キャンペーンの打ち出し方
26　建物の売価と利益の矛盾をおさえる
27　成約率を劇的に変えるインサイドセールス・オペレーションのつくり方
28　特定社員に依存しない組織フォーメーションの構築方法

29　用地情報提供者との正しい付き合い方
30　アップルウオッチから学ぶ販売手法
31　大手広告代理店に負けないクリエイティブ構築の仕方
32　たかがポップ、されどポップ
33　セールスだけでない。インサイドセールスのステップアップ手法
34　ゴールから逆算した紹介受注の適正活動
35　住宅購入層とのジェネレーションギャップを会社としてうめる

これらをすべて実践するのは簡単なことではありません。まずは、顧客の心を揺さぶるために必要な分譲地や住宅のデザイン、広告や映像などのクリエイティブ、セールスのトークスキルを身につけるための工夫や準備について、本書を繰り返し読んで血肉化していただきたいと思います。なお、本書で紹介した分譲住宅ブランディングの最新情報をサイトにアップしています。併せて参考にしてください。

未来へ活路を見いだせず悩みを抱える読者が、この本を通じて一つでも答えにたどり着くことができれば著者としてこれほどうれしいことはありません。

分譲住宅ブランディングの最新情報はこちら↓

2024年10月

奥村友裕

奥村友裕（おくむら ともひろ）
1976年大阪市出身。大学院で経営学を専攻したのちに、大手コンサルティング会社で勤務。論理的な問題解決型思考が評価されやすいコンサルティング業界のなか、「感性と論理」を融合させた独自アプローチで突出した成果を創出。事業部長職を経験後、コンサルティングの真の価値を啓蒙するトップエバンジェリストとして活動する。“世の中の真の価値をマーケットに正しく伝えることで人類の幸せ総量を増やす”という使命を果たすべく、2018年に株式会社クラフトアールを設立。「美意識を大切にする経営改革プロ集団」として、独自の切り口で企業経営のサポートを幅広く手がけている。2023年、戸建分譲業界の発展のために株式会社戸建分譲総研を設立。ほかに子ども向けに教育事業をおこなう会社を経営し、社会で活躍する未来のリーダー育成に尽力している。

本書についての
ご意見・ご感想はコチラ

分譲住宅ブランディング戦略

2024年10月11日　第1刷発行

著　者　　奥村友裕
発行人　　久保田貴幸

発行元　　株式会社 幻冬舎メディアコンサルティング
〒151-0051　東京都渋谷区千駄ヶ谷4-9-7
電話　03-5411-6440（編集）

発売元　　株式会社 幻冬舎
〒151-0051　東京都渋谷区千駄ヶ谷4-9-7
電話　03-5411-6222（営業）

印刷・製本　中央精版印刷株式会社
装　丁　　弓田和則

検印廃止

ISBN 978-4-344-94814-3 C0034
幻冬舎メディアコンサルティングＨＰ
https://www.gentosha-mc.com/